高糖度・連産のミカンつくり

切り上げせん定とナギナタガヤ草生栽培

川田建次 著

農文協

切り上げせん定でつくる高糖度・連産の樹

――毎年成る樹は，秋になって枝が横に寝る

春先のせん定のときは立っていた枝が，秋は果実の重みで垂れ，横に寝る――これが，毎年安定して成るミカンの樹の形だ。

はじめから枝を横に寝た状態にすると，果実の品質も上がらないし，発育枝がとれないので翌年は休んで隔年結果となってしまう。「開心自然形」はせん定後の春の状態でなく，秋に果実が成ったときにできるものだ。

立ち枝なら果実と発育枝が同時に得られるので，連年結果は容易になる（右）

紅が濃く、皮の薄いうまいミカンは立ち枝に成る！

おいしいミカンは“一枚葉裏”にある。立ち枝に成り，下向きに垂れて秋には葉の裏に隠れるような果実こそが糖の集積もよく，果実温が下がるので着色も早い。逆に上向きで，いつまでも陽にあたっているようだと着色は遅く，おいしくない。

一枚葉裏ミカンを持ち上げてみると，立ち枝になっているのがわかる。発育枝も発生している（右）

立ち枝を積極的に残す切り上げせん定は，樹勢の強い「青島温州」でも同じ。やっぱりよい果実は立ち枝に成り，葉裏に隠れている

切り上げせん定の実際（亜主枝の例）

枝先端から発育枝の立ったところで分岐部で切り上げていく。むずかしいことはない（42ページ参照）。ただし，全体の除葉率は20%を超えないように，切りすぎには注意する。

上のように切り上げ，立ち枝を残したのが，秋にはどっと成り込んで枝が寝て，果実は下向きに“一枚葉裏”に隠れる。

持ち上げれば，はい，ご覧のとおり，やはり立ち枝でした（八朔の例）。

春に発芽，伸長したのち梅雨の雨で倒れて枯れる。春の雑草，夏の雑草を抑えるだけでなく，その根は土の微生物を活発にし，秋には積み重なって堆肥にもなる。
ナギナタガヤはわたしの樹づくりを下から支えてくれる屋台骨。

土づくり，根づくりの要 ナギナタガヤ草生

気温が12℃を超える三月下旬から一気に伸び（右上），畑を一面に覆い，自分で倒れて（右下），6～7月には枯れる（左下）

はじめに——土日百姓宣言

サラリーマンを始めて十二年目の十一月に、祖父が亡くなり続いて親父が亡くなった。一・七ヘクタールのミカン園をお袋一人で管理してもらうか、仕事をやめてミカンをとるか、選択しなければいけなくなった。

正直、一・七ヘクタールでは家族六人とお袋は養えない。

「今まで以上に手伝いに帰るから」といってお袋にゆだねることにした。

竹原から豊島までは早くて二時間、往復四時間の道のりである。

ミカンの後継ぎになろうと、愛媛大学農学部付属農業高校果樹園芸科に学び、東京の大学を卒業してからも一年間、果樹試験場に通った身である。ミカンづくりじたいに抵抗はなかったが、全園一人でやるのはさすがにきつく、土日だけの作業は工夫なしではできなかった。

しかし逆境になると、あとがないと思うのでけっこう知恵が生まれる。「賢者は、逆境にあうと喜び、愚者はこれを退く」とはよくいったものだ。

最大の収穫が、今のせん定方法にいきあえたことだ。

果実品質が上がるばかりではない。連年結果はもとより、かなり省力化ができる。農薬の量や散布回数も減らせるし、施肥効率も上がり、肥料も減った。これからの農業に求められている、環境にやさしい技術体系まで見えてきたのである。

時代はハードからソフトの時代へ転換し、工業社会からＩＴの時代に変わってきた。次にくるのは心の問題が浮き彫りになる時代であろう。そして人が心を癒やすのは、何よりも自然との交流である。必ず農業の時代はやってくる。そのときのために、わたしは人より先取りで新しい農業に挑戦する気持でいる。わたしが土日百姓というスタイルを築くことで、あとに続く人も生まれるかもしれないと思っているのである。

もちろん、やるからにはおいしいミカンをつくらなければ面白くない。儲からなければ、説得力もないだろう。

ミカンづくりでいちばん大切なせん定を中心に、わたしの技術の一端をご紹介したい。

平成十四年二月

著　者

目次

Ⅳ 摘果はもう一つの樹づくり術

序

樹が元気になる切り方・弱る切り方

――立ち枝発見のいきさつ

春先の立ち枝には自然に有葉花がくる

大きな技術転換をするときには、きっかけがある。わたしの場合、たび重なる失敗の経験があった。本論に入る前にそのあたりのことをお話しよう。

1 切りすぎて大失敗

それは昭和五十二年であった。

果樹試験場で習った技術と本をたよりに、わたしが親父から二カ所の園地を借りて本格的にせん定を試み始めたときのことだ。

それまで、わが家のせん定は祖父の仕事だった。親父は一度もせん定バサミをもったことがないほど祖父のせん定はすばらしく、毎年ミカンも成っていた。いわゆる、連年結果である。

わたしも、「毎年成らせるくらいは簡単」との思いでせん定に取り組んだ。正直、せん定の奥の深さなど、その頃はまだ知る由もなかった。

当時のせん定は、開心自然形を前提に切っていくもので、陽を樹体にまんべんなく当てるようにつくる。わたしも当然そのように切ったつもりで、「秋にはすばらしいミカンが成るぞ」と、心わくわくさせた。

周囲も、「さすが、試験場に行ったら、うまいせん定するね」とほめてくれ、有頂天になった。

ところが、五月になり、花が咲き始めると、思ったより数が少ない。夏には摘果も満足にできなかった。そして夏秋梢が発生してきた。

さらに九月になって、やっと仕上げ摘果ができるかなという程度の樹で、例年の二～三割しか成っていない。

結局、まともな果実は穫れなかったのである。

◇受光態勢優先の考えは誤り

一番の原因は、切りすぎだった。

とにかく陽が当たればいいミカンが成るだろう、と思ってやったのが大きな間違いだった。

後年、「ミカンは亜熱帯が原産で、光はほどほどあればよい」（元静岡柑橘試験場・中間和光氏）と聞いたときは、当時を思い出してナルホドと思ったものだ。

この園は、翌五十三年に台風の潮風害で落葉し、五十四年は発育枝が発生するのみという不運も重なり、結局立ち直ることなく、五十五年、園地改造のため農道造成時に出た残土に埋まった。

せん定の失敗のおかげであきらめも

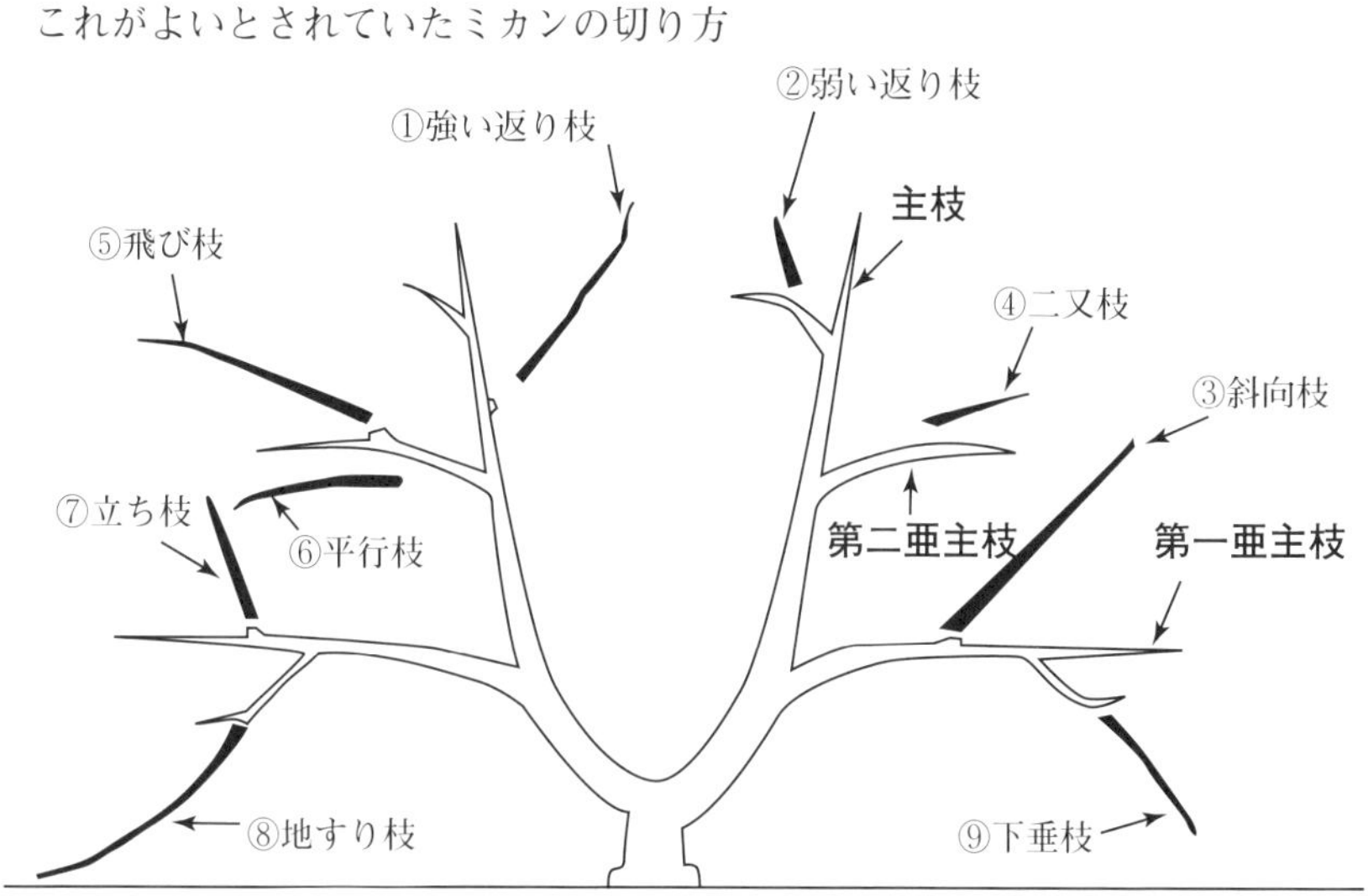

図1　立ち枝などは切って横枝に揃える方法

主枝を確立させるため，①や②の返り枝をせん除する。第一亜主枝を確立するため，③⑦をせん除，さらに勢いをつけるため，⑧⑨をせん除する。第二亜主枝を確立するため，④⑤⑥をせん除する。これで開心自然形ができるとされた

ついて、思い切って園地改造に踏みきることができた、ということでは、失敗もよかったかもしれない。

2　立ち枝を切りすぎてまた失敗

その後は「切りすぎの失敗をなくそう」と、心に誓いながらせん定に取り組んだ。

次に、横枝を揃えれば樹勢が落ち着き、いいミカンが成るとのことで、その充実に励んだ。図1のような切り方である。

横枝の充実には、第一亜主枝の確立が第一である。さっそく、亜主枝上にある〝立ち枝〟を少しずつ切っていった。立ち枝を残すとその枝が強くなり、

亜主枝が弱ってくるというわけだった。

しかしまた、この切り方には別の答えが出た。

樹勢が落ち、隔年結果が始まったのである。着色遅れと浮き皮のおまけまでついてきた。いま思えば、若木ならまだしも、七五年生の早生ミカン（「青江早生」）で試したものだから、てき面だった。

そのときは、「そうか、土づくりができてないからだな」と隔年結果の原因を土づくりに求めていた。そのため堆肥の施用から、樹の周囲にざんごうを掘り、せん定枝を投入することまで積極的に取り組んだ。が、隔年結果は直らなかった。ざんごうを掘って一所懸命に取り組んだ樹ほど、かえって断根のせいで樹勢は弱るようだった。

よいと思ってやることがことごとく逆になる。従来の技術に、とことん疑問をいだくようになったきっかけだった。

その後も試行錯誤を続けたが、わたしの思いは、土づくりになかった。土づくりが無用というのではない。何とか、せん定の決着をつけたいという気持だったのである。

そして、せん定さえ間違わなければ、土づくりの効果はあとから付いてくる。もっといえば、堆肥の投入が難しい園地でも、せん定で樹がつくれたらそれなりの活路は拓けるのではと考えた。実際にそうなれば、忙しい通いの〝土日百姓〟にとっては大きな前進になる。

「土づくりは、一〇年くらいは続けないと効果は出ない」といわれる。土づくりをあきらめるのでなく、実施しながら、それまでの考えを改めて、せん定のやり直しを誓った。

3 枝は切り上げるのが本当だった！

横枝を揃えていく切り方で失敗したのだから、今度はその逆から出発してみた。立ち枝を積極的に残す切り方である。

するとどうだろう、あの、弱っていた隔年結果のひどかった早生の樹が、いっぺんによみがえってきた。もちろんせん定以外は何も変えていない。

しかしそれも当然といえば当然で、樹勢を落ち着かせ、花芽を着けるために立ち枝を切り、横枝に揃えようとしていたのだから、残せば元気になるのは当たり前である。もっと若い樹だったら、元気になりすぎて困っていたか

写真1　立ち枝を残すと，芽と花が同時にくるようになる。花は有葉花が断然多い

もしれない。だが、面白いのは、残した立ち枝に発育枝が発生したと同時に花芽も着いたということである。

それも有葉花が多くて（写真1）、直花はうんと少ない。

ミカンの樹は発育枝が出て、その後、根が出るといわれている。

発育枝が発生することで根が動き、その量が多いほど根の量も多くなる、というわけである。事実、ミカンが不作の年ほど根の発生量が多いのは、昔から知られているところである。逆に花が多いとミカンは豊作だが、その年は発根量が減って、翌年は不作傾向、裏年となる。

よく、春芽（発育枝）の長さを揃えてよいミカンをとろうと枝を寝かせ、直花をびっしりと着けている人がいるが、翌年はやはり成っていない。いくら土づくりしてもカバーしきれないでいる。

花を多く着け過ぎたためにミカンが根を十分に出せず、休んでしまうからなのである。

それが立ち枝を残すと、花とともに芽も揃うバランスのよい状態が得られる。花もあるし、芽もきているから、根づくりにも力を発揮するという理想的な状態である。連年結果型にもちこめるのである。

それまでのように、立った枝は切るのでなく、逆に残す。――このせん定を、「切り上げ」というのはあとで知っ

たが（図2、菊地卓郎著『せん定を科学する』農文協）、やってみると従来の失敗を一気に挽回するかのように、い

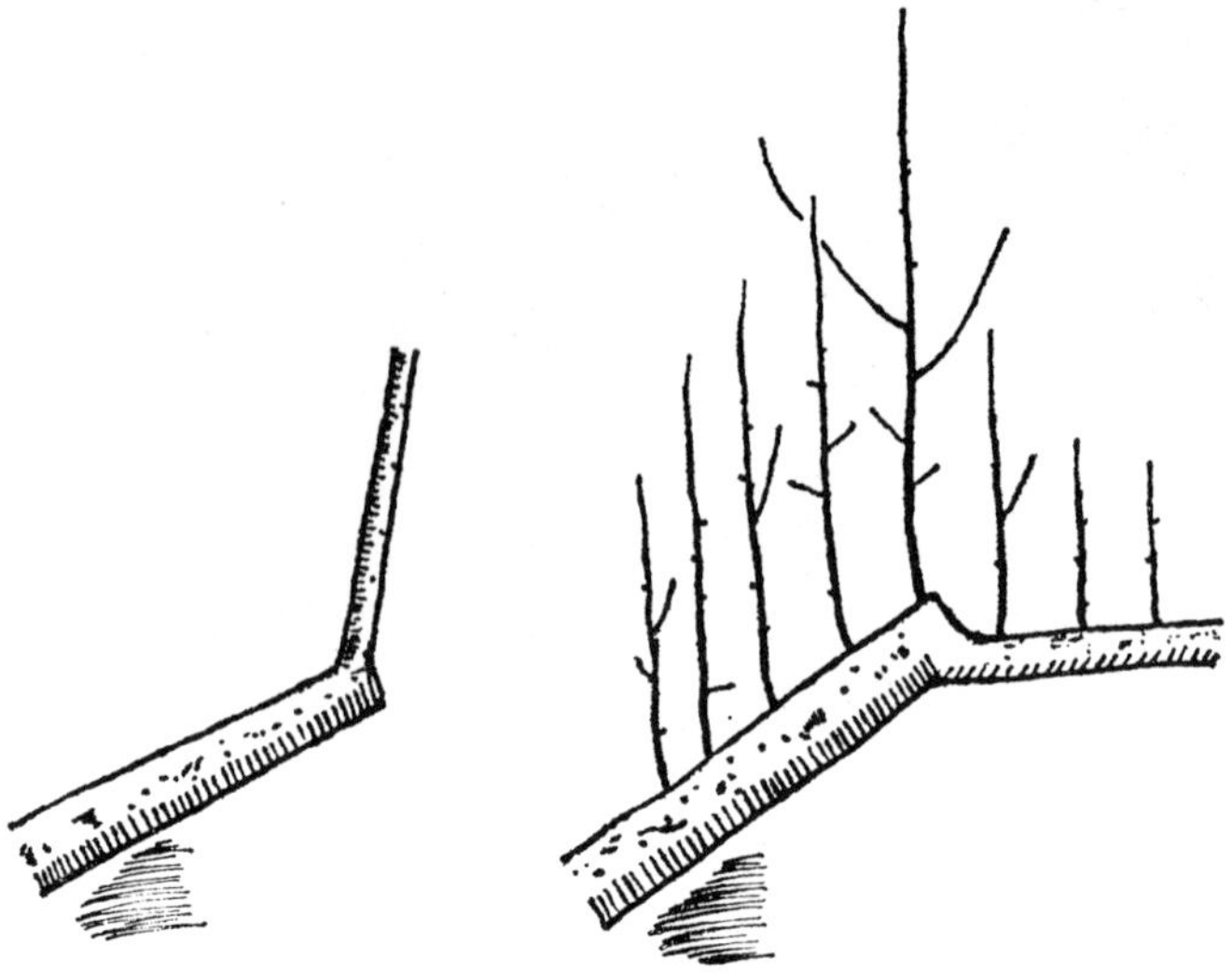

図2　切り上げと切り下げ，二つの切り方
（『せん定を科学する』49ページより）

ろいろな効果を発揮してくれた。

何よりは、従来いわれていたのと違って、断然おいしいミカンがとれることだ。

しかもそれが連年結果型でそうなる。

また、根がちゃんと出るので樹勢が維持され、減肥も可能だ。そして有葉花（果）で生産されるので開花期防除がふつう三回のところ一回で済むなど、防除回数まで減ってくる。省力、低コスト化も同時に図れるようになったのである。

じつに単純なことだが、枝を横に寝かせるように切るのでなく、逆に、立ち枝を残すように切り上げる。このことだけで樹の性質が一変するさまを、わたしは自分の大きな経験としてきた。そしてその切り方について紹介するのが、本書の一番の狙いである。

そのために、まずこの立ち枝というのが、どんな性質、枝質《えだだち》をもっている枝なのか、確認していくことから始めようと思う。

それまではだめだ、といわれてきた枝だが、本当にそうなのかということである。

じつはこの確認は、おいしいミカンがどこに、どんなふうに成っているかを見定めることにもなる。ご自身の樹を思い浮かべながら、一緒に検証していただきたい。

I

立ち枝の枝質《えだだち》を探る

——徒長枝にあらず

軸の細い
“一枚葉裏”ミカン

写真2　じょうのうが薄く，とろける
ようなミカン

写真3　果梗枝が細く，果皮が薄い絹
肌のミカン

1　甘味比が高く、袋がとろけるミカン

ミカンの糖度と酸をはかり、割り算して一〇〇を掛けると甘味比が出る。たとえば、糖度が一二％で、酸が一％なら、甘味比は一二となる。ミカンの

食味を、糖度と酸の二つの物差しをあててはかったもので、食味を総合的に表現するのに便利である。これでいうと、いくら糖度が一三％でも酸が一・二％なら甘味比は一〇・八となり、ランクは下になる。先の一二％のミカンより酸っぱく感じるはずである。

おいしいミカンは、やっぱり糖度と酸のバランスが大事だ。

そのうえで、中の袋（じょうのう）がとろけるように薄いミカンになれば最高である（写真2）。

こうしたミカンの外観は、果皮のつぶつぶである油胞が多くて小さく、あくまで皮は薄い絹肌。紅も濃いのが特徴である。そして果実の成る軸（果梗枝）は二ミリ前後と細いのである（写真3）。

ではこんなミカンが、どこに、どのように成っているかである。ちょっと思い浮かべていただきたい。

2 うまいミカンが成っている場所は、枝は……

◇軸の細い〝一枚葉裏〟ミカン

果皮の薄いミカンは、あまり直射日光に当たっていない。少し葉裏に隠れたかっこうで成っている（写真4）。いわゆる〝一枚葉裏〟といわれるようなミカンである。

ただしこのミカンもさかのぼってみると、七〜八月頃まではしっかりお日様に当たっている。九月を過ぎると、葉裏に隠れるようになるのである。つまり、果実が肥大するにつれて重さで枝が垂れて、そうなる。これが逆に、最初は小さく葉に隠れていたのが、九月以降に顔を覗かせてくるのは、果皮が厚く、まずいミカンになる。

日焼け果や浮き皮果にもなったりするのもこうしたミカンだ。

その理由は、果梗枝が水平より上を向くと太くなり、ジベレリン活性が高まるからだ。ジベレリンは生長ホルモンの一つで、これが送り込まれると、生長にアクセルが踏まれたままで果実が肥大する。そこで生産者はみな、果梗枝を太くしないように努力することになるが、わたしの観察では、前にもいったように果梗枝の直径は二ミリ前後がよく（写真3）、二・七ミリを超えたらだめである。

軸は細く、そして果実が太ってくるにつれて葉裏に隠れるようにすれば、ミカンは自然においしくなる。

写真4　葉に少し隠れたように成っている“一枚葉裏”ミカン。こうした果実がじつにおいしい。ただ，初めから葉裏にあったようなのはダメ。7〜8月頃までにはしっかりお日様に当たっていて，肥大するにつれて垂れて下がり，葉裏に隠れるのがよいのである

◇花は絶対に有葉花

では、そんなおいしいミカンはどんな花から生まれるか。

こんどは花の時期にさかのぼってみよう。

一般に、花は早く咲く直花がよいという人が多い。新葉を伴わず出てくる花である。逆に、新しい葉をもって出てくる有葉花は、果梗枝が太くなり、大玉ができやすいと敬遠される。そうだろうか。わたしは違う、と、みている。

まず、有葉花を残したほうが、結果母枝としての能力は高く、実止まりや果実の肥大、品質はよくなる。花の近くに着く葉が多くて、それが早く活動するからである。

ミカンに限らずどの果樹も、開花結実、幼果の肥大、新根の発生に五〜六

写真5　よい母枝は箸の太さで揃う

月は大きなエネルギーを必要とする。この時期の活力は葉の量によって大きく左右される。葉は一枚でも多いほうがよく、しかも活力の高い新葉は、もっとも望まれるところである。そういう意味では、花と一緒に葉が数葉展開してくる有葉花は願ってもない花ということになる。直花か有葉花かで、葉の数は数倍もちがってくるものである。

早く咲くかどうかより、果実を着ける枝の質がどうなるのかを考えて花を選べば、絶対に有葉花なので、連年結果を実現している優秀な農家の花はみな、有葉花である。

そしてあとで述べる切り上げせん定をするなら、有葉花でも十分、果梗枝は細くなり、おいしいミカンができるのである。しかもそれで連年結果が可能だ。

写真6　果梗枝を予備枝にした例

写真7　坊主枝を予備枝としたこともある

◇箸の太さの母枝

また、そうした果梗枝が細く、おいしいミカンが成る枝はよく似ている。つまり、結果母枝がよく揃うのである。わたしの経験では、直径がだいたい箸の太さの七ミリ前後の母枝がよい（写真5）。色はグリーンに、少し白すじが入っているような枝である。

以前はこうした枝がつくれなくて、本当に苦労した。揃えるなどは論外だった。立ち枝を切り、横枝づくりに励んでいたときは、細い母枝はつくれても結実に結びつかない。隔年結果がひどくなるばかりなのである。

そこで、予備枝の設定に取り組んだ。成りカス枝（果梗枝）を一本に整理してつくったり（写真6）、葉を全部落と

写真8　上は果実の重みで枝が下がっているが，もともとは下のように，立っていた枝なのだ（枝の発出部位を見てください）

した坊主枝の予備枝（写真7）、さらには、いつ切ればよい予備枝になるかといったことなども検討した。

しかし、どれもうまくいかない。予備枝をつくっても、発芽はするが、結局その芽に少し花が咲くだけで果実が止まらないのである。

その答えはこうだ。

つまり、いくら予備枝をつくって花は減らしても、横に寝かす枝づくりでは直花が増えて樹勢が弱る。花が多い成り年は発芽が減るので、発根が伴わず、さらに樹勢は落ちていく、という循環にはまってしまうわけだ。堆肥をやって土づくりをしても、ミカンの樹そのものが発根しないのでは

写真9　切り上げせん定すると必ず有葉花と発育枝とが一緒に出る

写真10　横枝上の母枝は養分供給が少ないので直花・果ばかりになりやすい

満足な効果は期待できない。

予備枝の設定などよりずっと手前の問題、土づくりの前に根が出る枝のつくり方、せん定の仕方が問題だったのだ。

もう一度、おいしい果実が成っている母枝の状態を確認してみる必要があると思う。みな、やはりここで多く勘違いしている。

◇春は立ち、秋は横に寝る枝がいい

正確には母枝が立つもとの枝、側枝の状態の確認である。

じつは、秋には横枝でも、春には立っていた枝がよいのである。もともとは立っていたのが、果実の重みで下がってきて、横に寝る（写真8）。まさに、そのようになるので、初めから横枝だったのではない。勘違いというのは、このことである。秋の状態を見て即、横枝づくりをしてはダメということである。

枝がしっかり上を向けば頂芽優勢の原理から養分はスムーズに運ばれる。有葉花が増えるのはそのためだ（写真9）、当然、芽もよく吹く。反対に、横に寝た枝には花はよく着く。枝は、傾いて水平になるほど花芽は着きやすくなる、とされるとおりだ。

しかし、これは何度もいうように直花が主体で、けっして生産的な着花ではないのである（写真10）。翌年はその枝ごと休んで、隔年結果のもとになる。

目指すべきは、果実が成ることで垂れて横になる枝、春には立っていた枝であり、そのための枝づくり、せん定ということだ。

何度でもいうが、初めからの横枝をつくってはだめなのだ。

3 立ち枝はパワー充実

秋になれば、果実の重みで枝が曲がるような立ち枝（以下、立ち枝）は、横枝にくらべ養分（チッソや炭水化物）の絶対量は多い。しかもチッソと炭水化物との比率、C／N比は高いので、芽も花も発生しやすいのが特徴だ。

枝内の養分は樹液の流動が起こると、その差が顕著に現われてくるので、ますます立ち枝と横枝の差はついてくる。

◇予備枝設定はなぜ前年の秋に、といわれるのか

一般に、豊作年（表年）には花が多

くなる。そこで先にもふれたが予備枝を設定し、花を少なくするとともに、発芽を促すせん定がなされる。予備枝設定には細かくハサミを使い、手間が大変である。それで発芽がスムーズに行なわれればよいのだが、なかなかうまくいかないから現実は難しい。

しかし考えてみれば、これは当たり前なのだ。

第一に、豊作年（表年）のC／N比はC（炭水化物）が樹全体として勝った状態にある。花が多く、発芽しにくくなるのは自然なのである。

第二に、せん定で枝を切り返すと発芽はどうしたって分岐部や基部近くになる。頂芽優勢の原理からいえば、枝は基部近いほど養分は少ないから、いきおい発芽のパワーにもう一つ欠けることになる。

予備枝を設定するなら前年の秋に実施しろ、そうでないとよい芽が出ない、といわれてきたのも、そのためだ。切り戻して残った枝もしばらくすれば養分が増えて、チッソの比率が高くなってくる。パワーがついてくる。

早い時期に切り返せば着花しにくく、発芽しやすい、というリクツがここにある。

◇花と芽が同時にとれる枝

そしてこの同じリクツから、切り上げせん定をして残った立ち枝は、切られた横枝の養分を引き受け、切る前にくらべ、枝としての養分が多くなっているのではないか、と思われる。しかもその量は、おそらくせん定前の立ち枝がもっていたより多い炭水化物であり、せん定前の横枝がもっていたより多いチッソなのである。

つまり、そう思わないではいられないような、現場での切り上げせん定した枝の活力である。

くり返すように、切り上げせん定で立ち枝を残すと、必ず有葉花が増えてくると同時に、発育枝も発生するからである。わたしには、これが横枝より立ち枝のほうが養分が充実している何よりの証明だと思う。

そしてまた立ち枝を残すと、意外なほど連年結果は容易になる。カンキツ産業が始まって以来、隔年結果防止は永遠のテーマになっているが、なかなか解決しない。そのために、枝別摘果、園地別交互結実などという方法さえ導入され始めている現状である。また、隔年結果防止というとすぐ栄養不足という人がいるが、せん定について語る人は少ないのである。いても、わたしにいわせるといまいち本筋からズレて、小手先の感が否めないのである。

わたしのいうせん定とは、予備枝は何センチにとったらいいとか、樹冠内

写真11　同じ結果母枝に，果実が成り，発育枝も発生している。枝別摘果をしなくても，立ち枝を使えば一つの枝が連年結果するようになる

に光を取り込む窓（空間）の大きさはどの程度が適当か、というようなたぐいではない。母枝の基礎力として、炭水化物とチッソがともに豊富で、やや炭水化物の割合がチッソに勝っている状態に変えていく。そんな枝づくりのことである。

もっというなら、ジベレリン、サイトカイニン、オーキシンなどホルモンバランスのよい枝への転換である。このバランスが取れれば、立派な果実、立派な発育枝（自然の予備枝）が得られるのである。

これまではチッソ、リン酸、カリ、C／N比だけの世界で枝づくりが論じられてきた。そのための失敗も多かった。立ち枝はチッソが過多、あるいはC／N比が低い、だからだめ、と横枝ばかりを残してきたような思いちがいである。しかし大事なのはホルモンのバランスなので、これをどうコントロールして樹の力を引き出すか、そのためのせん定の見直しが必要になってきている。

わたしが取り組んで成功したのが、〝切り下げ〟から〝切り上げ〟への切り替えだったのである（写真11）。

Ⅱ

切り上げせん定でできる新しいミカンづくり

夏秋梢の先端に
成る良品ミカン

① 発芽が揃う、葉面散布が効く

以前のわたしは、発育枝は、果梗枝から出てくるのを待つか、予備枝せん定をした坊主枝から出させるしかないと思っていた（二〇ページの写真6、7）。

いまなら、そんなふうに一年、枝を遊ばせておかなくてもよいのだといいきれる。切り上げせん定をして立ち枝を残せば、結果母枝から発育枝が出るからである。それも他より早く出るのである。

左の三枚の写真は同じ樹で同日に（五月二十七日）撮影したものだが、発芽時の差が緑化の差となって現われているのがわかる。

一番上の、結果母枝からの発育枝がもっとも早く、それから五～一〇日遅れて次に果梗枝がきて（真ん中。ただし上向きで軸の太いものは少し早い）、一番遅いのが、何と切り返した予備枝からの発芽である（下）。

一四日から、遅いときには三週間も遅れて出る。おまけにこの予備枝からの発芽は、花は咲くけれどあまり着果しないという最悪のパターンになりがちなのだ。

だからわたしは果梗枝はあまり使わない。予備枝もほとんどとらない。発芽を一斉に揃えようとしたら、予備枝はとらないほうがまったくよい。

ところが、発芽を揃えるために、みんな苦労している。

三月のマシン油乳剤散布（ハダニ防除）のときに、尿素（三〇〇倍）を混ぜたり、液肥（「メリット青」の五〇〇倍）を入れて実施している。

しかし予備枝をたくさんつくり発芽が揃わないような樹にしておいて、「さあ、栄養ドリンクをあげるから」といって葉面散布しても効果は薄いわけである。

液肥を散布するなら、樹が発芽を待ちかねている状態のときにしてやりたい。切り上げせん定で発芽が揃うようにして葉面散布を加えれば、鬼に金棒なのである。

逆にいうなら、切り上げせん定に変えることで、春先の液肥散布は省略もできるのである。

写真12　いちばん発芽が早いのは結果母枝（上），次いで果梗枝（中），予備枝（下）の順

結果母枝から出た発育枝。発芽がいちばん早く，緑化もいちばん早い

果梗枝から出た発育枝。発芽も緑化も，結果母枝より7日前後遅く発芽する

坊主枝にした予備枝から出た発育枝はさらに発芽，緑化が遅い。結果母枝より14日前後遅れる

2 花が増える、とまる、糖度が高くなる

◇ゆ合ホルモンが活性化、花が着きやすい枝に

花芽形成にはホルモンではサイトカイニンがかかわっている。抑制に働くホルモンであるジベレリンとの兼ね合いで、サイトカイニン量がジベレリンの量を上回ると花が増えるようにはたらくのである。

またサイトカイニンは、せん定で付いた傷口（切り口）のゆ合にオーキシンとともにはたらくとされる市販のゆ合剤にも、サイトカイニン物質が含まれている。

傷口には、根っこからサイトカイニン、枝先からオーキシンが集中し合体したときに、ゆ合するのである。

また、オーキシンは重力のほうに移動するため枝の背中（背面上向部）にはオーキシン濃度が薄くなる。

そのため、ゆ合が悪くなり枯れ込むのである。

一方、切り上げせん定した場合は、傷口のゆ合は残った立ち枝の先端からオーキシンが、供給されるので早くなる。また、サイトカイニンの活性化で、花も着きやすい（図3）。ただ、もともと立ち枝はジベレリンの絶対量も少なくないので、同時に芽も出るのである。

二五ページで述べた植物ホルモンのバランスがとれた枝づくりとは、こういうことである。

◇切り上げせん定は部分的“環状剥皮”

切り上げせん定でなぜ花が増えるのか。

いろいろ観察していたら、こんなことに出くわしたのである。

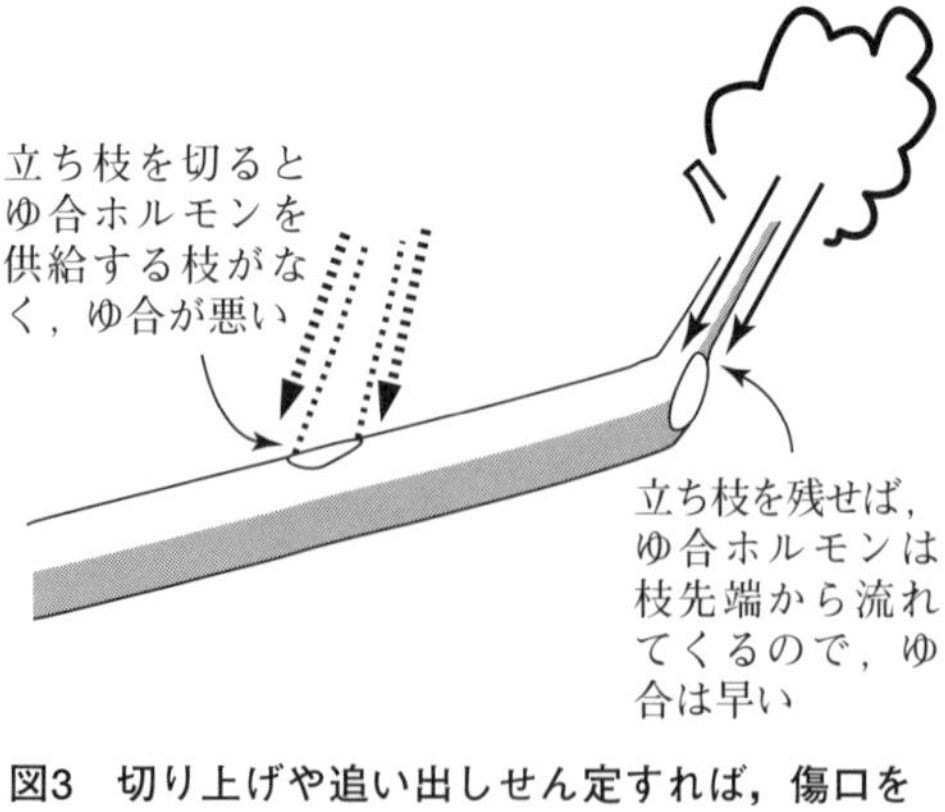

立ち枝を切るとゆ合ホルモンを供給する枝がなく，ゆ合が悪い
立ち枝を残せば，ゆ合ホルモンは枝先端から流れてくるので，ゆ合は早い

図3　切り上げや追い出しせん定すれば，傷口をゆ合させようとサイトカイニンが活性化する

それは、連年結果がむずかしいといわれる「はるみ」の樹であった。はるみの裏年といえば本当に花が少ない。そんななか、麻ヒモが巻き付いてその部分がくびれて、ちょうど環状剥皮をしたようになった枝があった。その枝先だけに、みごとな花が着いていた（写真13）。

写真13　「はるみ」のヒモが巻き付いて（矢印）環状剥皮したようになった枝にだけ花が着いた

これを見て、わたしはハタと思った。

「そうか、せん定もこれと同じだ、切った部分が三分の一か四分の一か、まるまる一〇〇%じゃないが、切られたもとの枝にとっては傷の幅分だけ環状剥皮をしたのと同じになる。それで花も着きやすくなる」とわかったのである（図4）。ブドウの目傷入れと同様である。

しかも切り上げせん定の場合の〝目傷〟はつねに枝の下側に入るのがミソなのである。ここはオーキシンの濃度が高いからである。

オーキシンは生長ホルモンと呼ばれる一方、濃度が高くなると、芽や根の生長を抑える作用もあり、抗ジベレリン的なはたらきをするホルモンとしても知られる。切り上げせん定ではこのオーキシン濃度の高いほうが〝環状剥皮〟されることになり、流れが妨げられる。すると、立ち枝内で濃度が高くなり抗ジベレリン的に作用して、花が着きやすくなるのである。

同じせん定でも、切り下げの傷口はオーキシン濃度が低く、切り上げの場合はオーキシン濃度が高い側になるので、ちがう結果となる。

また、このオーキシンは着果してからは果実や葉のほうにいき、糖の集積

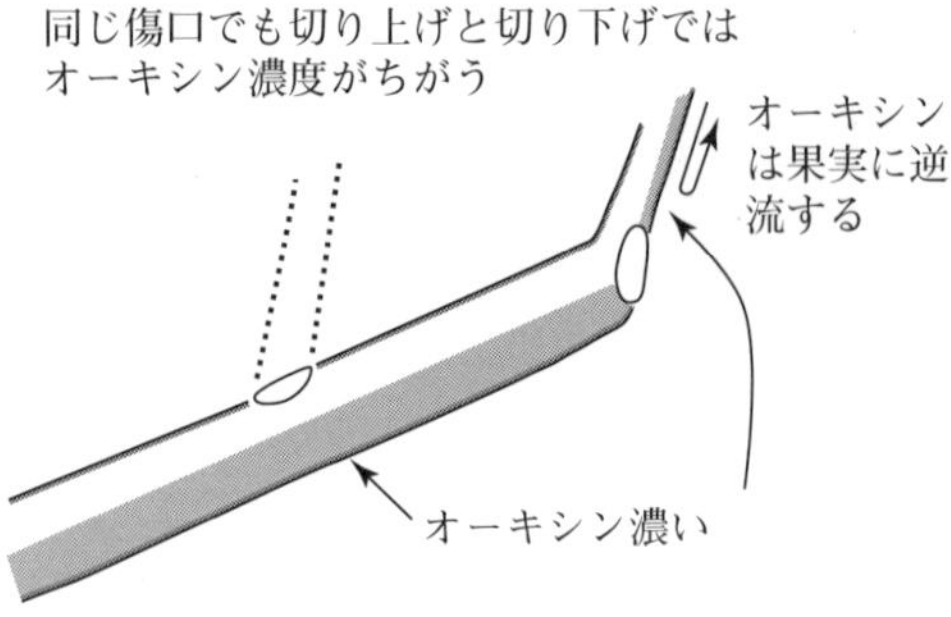
同じ傷口でも切り上げと切り下げでは
オーキシン濃度がちがう
オーキシンは果実に逆流する
オーキシン濃い

図5　オーキシンの濃いほうを環状剥皮したことになるので，オーキシンが地下部に行かずに果実や葉っぱのほうに行き，糖の集積力を高める（糖度のシンク力）

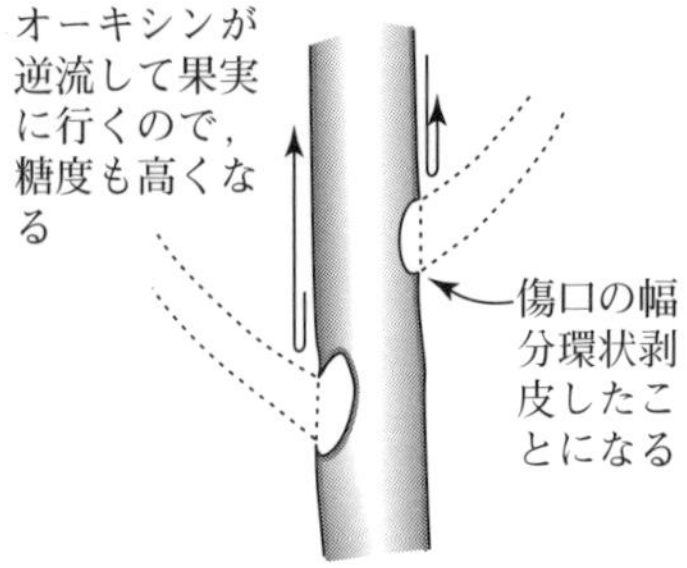
オーキシンが逆流して果実に行くので，糖度も高くなる
傷口の幅分環状剥皮したことになる

図4　枝を切れば環状剥皮になる

力を高めるはたらきももっている（図5）。立ち枝を残すことによって自然に糖度の高いミカンができやすくなるのだ。

◇花をとめる葉面散布がいらない、Ca散布なしでも浮き皮が出ない

現在、いろんな液肥や肥料が売られ、やれ、生育初期にはチッソを効かせろ、緑化が完了したらリン酸が大事、九月になれば花を増やすのにカリがいる、などにぎやかだ。

「有機がいい」「いや、無機でも十分」「いやいや、やっぱり有機で、それもボカシがよい」など、最近では、有機は有機でも植物質よりは動物質、「山には海のものがよい」などといって魚粕が推奨されたりしている。わたしたちの頭は混乱するばかりで、そこに肥料屋さんは儲け口を見出す。

不作年（花が少ない年）には、咲いた花をとめるために、緑化完了時からリン酸やマグネシウムなどの液肥がよく散布される。しかし、もともと花が極端に少ない場合の効果はあまり期待できないのである。

しかし切り上げせん定すれば花が増えるので、効果はあがるし、また散布そのものが不要になる。

またこの頃では浮き皮防止にカルシウム剤も定番になっているが、切り上げせん定をすると、果梗枝が細くなって、浮き皮はほとんど出ない。一般に秋に二回はかけているカルシウム剤だが、おかげでわたしは切り上げせん定に変えてから一度もやったことがない。

浮き皮は、収穫前に気温が高くなっ

て、降雨があると発生する。吸収された水分が果皮にいき、果皮だけが生長するからである。この生長には、ジベレリンが大きく関与している。そしてジベレリンは、切り下げせん定で活性化するのである。

ミカンの樹がジベレリンの活性化しやすい状態にあると、少しの水分や肥料で樹がすぐに反応する。果実の軸(果梗枝)を太くし、果皮を生長させ続ける。こうなったらいくらカルシウム剤を散布しても追いつかない。「二度もかけたのに浮き皮が止まらないじゃないか」ということをよく聞くが、その程度では、ジベレリンは抑えられないのである。

◇肥料よりホルモン優先の考えで

ようは、そうした植物ホルモンの動きをどうコントロールするかで、簡単には、切り上げか切り下げかの、せん定の判断一つなのである。

つまり、いくらチッソを効かしても、オーキシンが活性化してくると樹体は動かなくなってしまうし、いくらリン酸で栄養生長を抑えようとしても、そこにジベレリンが関与したらいっぺんでふきとんでしまう。最近、高糖系温州の樹勢を落ちつかせるために散布している「バウンティ」は、ジベレリン抑制剤である。これを散布すると、長い芽が短くなり花が着きやすくなる。高糖系温州で、しっかり肥料を効かしても芽は短くなるように、肥料のチッソよりホルモンのほうがよく効くのである。

いかに今まで無駄な肥料をやっていたか、切り上げせん定をやってみると、そのことがよく見えてくるし、大きな肥料の無駄が省けるのである。

3 発根が揃うから肥料が減らせる

肥料が少ないと収量が減るというデータはいっぱいある。しかし、それは切り下げせん定をした樹を使ってのデータがほとんどである。

切り上げせん定した樹ではつねに新しい枝を使うことと、枝が上に向いているので、養分吸収はよいのである。それによって、施肥量は減らせるのである。

また、直花が減ってくるので一樹当たりの着花数は少なく、樹体損耗が小さい。発芽が増えればそのぶん発根も増え、養分吸収や樹勢回復が早い。少ない肥料で十分である。

さらに切り上げせん定すると、先にふれたように発芽揃いがよく、発芽が揃えば発根も揃うので、その停止も揃うようになる。着色期の園地に肥料分が残っていてもミカンはあまり吸収しない。夏肥をやっても、初秋肥として九月に肥料をやっても、ミカンの着色に影響がないということである。肥料をきちっとやりきれるうえ、温度の高い時期に施肥することで効率のよい養分吸収も可能になり、肥料代がここでも少なくなるのである。

わたしの場合、有機率三〇％でじわっと効くコーティング肥料（一四—一〇—一二）を夏肥重点で（夏六割、秋四割にして）使っている。量はチッソ換算で一〇アール当たり七キロ程度、金額にして一〇アール七〇〇〇円あまりですんでいる。

切り上げせん定することで、減肥は十分可能なのである。

4 防除労力、コストも減らせる

◇早期緑化でアブラムシ防除が無用に

発芽が揃うと、防除も楽に確実にできる。農薬を減らしていくことにもつながる。

これも先の発芽揃いがよいということにかかわる。つまり緑化が早くなるからである。このことにより、一番助かるのはアブラムシの防除である。緑化が長引くほど、ミカンの葉はアブラムシの餌食となる。

昔ならアブラムシが発生してもよい防除剤があった。最近ではアドマイヤー、モスピラン、ベストガードぐらいである。しかもアドマイヤーを使うとモスピランの効きが悪くなるなど、これら三剤は交差抵抗性がつきやすく、三剤あっても一剤しか使えないのと同じである。わたしは現在この農薬選びの苦労がない。

また、アブラムシの発生を抑えるほどに顕著でないが、緑化が早いとハダニの発生も抑えられる。

自然界は、作物が自分の力で虫や病菌から自らを守るようにできている。それを人間が、栽培する側の思いでコントロールしようとして、要らない虫まで発生させてしまう。無農薬栽培の達人である愛媛県中島町の泉精一さんは、「農薬は葉っぱや樹体のロウ物質を溶かす。そのためにかえって病気に対して抵抗力が弱まる」と話している。わたしもそう思う。だから、できるだけ農薬は最小限にと心得、それでもできる農業にしたいと思っている。切り上げせん定が、そのための大きな力を貸してくれるのである。

◇落花が早く、灰色カビ病、訪花害虫も減少

ミカンの三大病害虫は、灰色カビ病、黒点病、訪花害虫である。これを耕種的防除でいかに農薬を減らしていくかが、われわれ農家の使命であろう。

訪花害虫は花の蜜を求めて集まるので、花が散ると他の花に移動する。一方、灰色カビ病は花びらが散らずに果実にくっつき、それが雨で過湿になると病菌がつき、果実もカビにおかされる。両方ともポイントは花びらを早く散らすことである。

では、有葉花と直花とでどちらが花びらの散るのは早いだろうか。答えは、有葉花である。

有葉花は一般に三日もあれば落弁するが（写真14）、直花は七～一〇日かかる。あまりにかたまりすぎて咲いている場合など、二週間も要することがある（写真15）。有葉花と直花とでこれだけ差があるので、開花期防除にもそれだけ

写真14　有葉花では花は3日もあれば落ちる

写真15　直花の落弁は，開花から10日以上もかかることはざら
上：上向きの直花・果。開花から14日目の状態
下：下向きの直花・果。開花から12日目の状態

表1　わたしの1年間の防除暦

	時　期	対象病害虫	農　　薬	備　　考
1	5月下旬～6月上旬	灰色カビ病，小黒点病	ロブラール2000倍，ジマンダイセン600倍	雨が降らなければできるだけ後ろへずらす
2	6月下旬～7月上旬	黒点病，カイガラムシ	ジマンダイセン600倍，スプラサイド1500倍	前回の散布から30日経過，もしくは降雨累計が300ミリを超える前に
3	7月下旬～8月上旬	黒点病	エムダイファー600倍	〃
4	8月下旬～9月上旬	〃	〃	〃
5	収穫1週間前	腐敗防止	トップジンM2000倍	雨が多く，気温が高いときには，ベフラン2000倍を混用する

注：ハダニ，サビダニ，ホコリダニは天敵が増えてくると，収穫する果実には着かなくなる。だからマシン油乳剤も天敵を殺すので散布しない。今年（2002年）からカイガラムシ対策として，6月下旬に石灰イオウ合剤を使い，スプラサイド，いわゆる殺虫剤を使わないミカンづくりに挑戦しようと思っている

時間、回数が必要になっている。

ならば、樹の中を、できるだけ有葉花にすればよいということになる。幸い、切り上げせん定をすると有葉花が増える。ここにも切り上げせん定が威力を発揮するのである。

いまでは、ミカンも晩柑も切り上げ

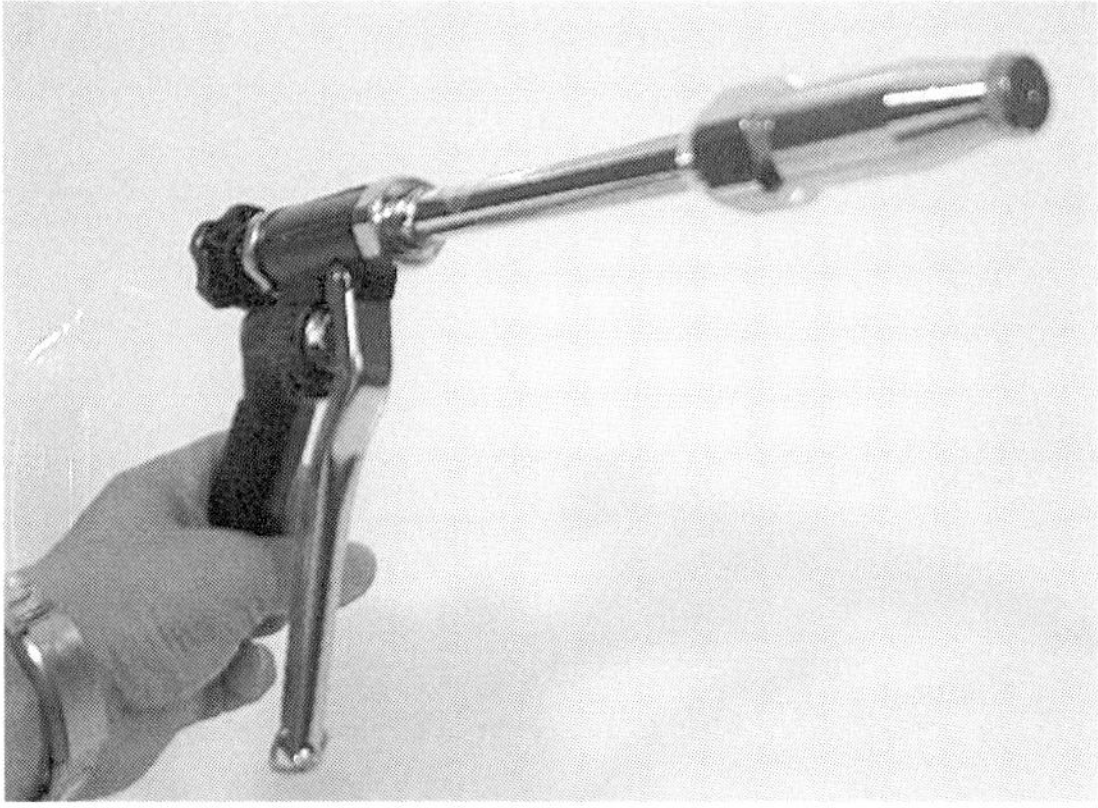

写真16　省力で防除効果を高めるノズル
いままでのピストルノズルより遠くに飛ぶので，防除が早くすむ
永田製作所（TEL086-297-6623）の製品（「ぶっとびミニノズル」）。価格は，1万円

せん定で有葉花が増え、花びらが早く落ちるので、以前二～三回はやっていた開花期防除が一回ですんでいる（表1）。

せん定が防除の省力化にも役立つ。しかし何も新しいことをしているのではない。もともと樹がもっている力を引き出してやるだけだ。

それを自然の力というなら、こうした自然力を上手に借りてこそ農業だ、と思う。またそう思えるようになったとき、ミカンづくりの本当の喜びがわいてくる。

恥ずかしい話、わたしがこの本当の喜びを味わえるようになったのはミカンをつくりだして一〇年たっていた。

以下、その喜びを味わうための切り上げせん定の実際について紹介する。

III

切り上げせん定の実際

徹底して切り上げるわたしのせん定

写真17　第二亜主枝（矢印）が大きくなっている
樹の先端，枝の先端に多く成らせるほうが，高品質になり，収量もあがる。立ち枝が果実の重さで下がるので，秋になると開心自然形となる

1 わたしが目指す樹づくり
——樹形の考え方、枝の配置

◇主枝は二本程度、第一より第二亜主枝を大きくする

主枝は二〜三本、それぞれに亜主枝を一本配置し、大きくなったら第二亜主枝を配置する。

もともと「ミカンを大木に仕立てて、一〇アール当たりの植栽本数を少なくしよう」という発想で考えられたものが、開心自然形の三本主枝である。

これからは機械化による高品質生産

写真18　優秀な前年の母枝
優秀な母枝は，箸の太さで，白すじの入った枝，当然上向きがよい。切り上げと追い出しせん定をやると枝は若返り，養分吸収がよいので，自然とこのような枝ができる

を前提に考えなければならない。ならば、主枝は二本程度がよい。多くても二・五本程度であろう。

また亜主枝は各主枝に第一と第二各一本ずつの計四ないし五本程度とし、このうち第二亜主枝を大きくとる（写真17）。

◇上向きの側枝、結果母枝は一五センチ以上がベスト

側枝は、できるだけ元気のよい枝とする。白すじの枝でも構わない。むしろ黒く弱った枝よりは、白すじの入った枝のほうがよい。枝の向きは上向きがよい。

結果母枝はできるだけ長く、元気なほうがよい。一般的には一〇～一五センチくらいがよいとされてきたが、連年安定生産のためには一五センチ以上

がよい（写真18）。

またわたしは、予備枝は天候異変などで樹が結果過多になる状況が想定される場合以外は、おかないことにしている。その必要がないからである。

かえって予備枝をとると、発芽が揃わず、ずれる。早いほうにずれるならまだしも、予備枝をとった枝ほど遅く発芽するので困るのである。しかも発芽揃いの悪さは、発根にも影響を及ぼしてしまう。よいことはまずない。予備枝などとらなくても、切り上げせん定をすれば必要な発育枝は十分得られる。

では、その切り上げせん定の手順を具体的にふれていってみよう。

2 切り上げせん定の基本

せん定が初めてという方も意識して整理してみた。ベテランの方もできるだけ初心に戻って読んでいただけると有り難い。

なお、ここでは早生ミカンの成木を対象にして話を進めることをあらかじめお断りしておく（写真もすべて「興津早生」）。

◇豊作年は早く、不作年は遅く切る
——せん定の時期はいつがよいか

①本年豊作が予想される樹

枝葉を早く切って落とすほど、樹体内のジベレリン（生長ホルモン）は活性化し、発芽が促される。しかも、時期が早いほど花芽がまだ確立されていないので、早く切るほど、花は少なくなる。

したがって豊作年の樹は、できるだけ早くからせん定に取りかかるほうがよく、寒波の怖れがなければ一月から取り組んでもよい。

②本年不作が予想される樹

遅く切れば①とまったく反対のことが起こる。不作が予想される年は、で

きるだけ遅くせん定することである。大不作の場合には、五月になって花を確認しながらせん定する場合もある。

しかしこれはあまりよいやり方ではない。前年が豊作で弱っているところへ、着花負担もかけるので、樹勢を弱らせることになる。遅いほうがよいのではない。花を着けなければ何もならないので、やむを得ない方法である。

③連年結果しているふつうの樹勢の場合

いちばんよいのは、極端な早い遅いのないせん定ができること、すなわち毎年確実に安定して成らせていくことである。隔年結果しない切り方、切り上げせん定をしていれば、毎年同じように成る。

広島県の場合、三月いっぱいのせん定がよく、遅くとも四月の上旬までには終わらせる。

◇除葉率で切る——せん定の順序、量の目安

せん定は一樹ずつ仕上げていくのではなく、初めにまずノコギリで切るような太い枝を落とす荒せん定を行なう。

一通りまわったら、今度は側枝程度の大きさの邪魔な枝をせん定する。それも一通りまわったら、最後に箸の太さ程度の枝をせん除する。いわゆる仕上げせん定である。これらを、切る量をはかりながら進めていく。目安となるのが、除葉率（葉をどれだけ落としたかの割合）で、初めの荒せん定が約一〇％、次の側枝程度が五％、仕上げが五％である。

これで合計の除葉率を二〇％までとし、それ以上は、葉が少なくなり、樹勢が弱ってくるので切り過ぎないように気を付ける。大きな枝を落とすとそれだけで一〇％以上になるときもあるが、二〇％を守り、あとは細かいところだけで、他は手を付けないようにするのである。

また、せん定をしていて、どこで枝を切り上げたらよいか、判断に迷うときがある。よく、分岐部の円周の一〇倍の位置がよいとか、いわれたりするが、そこに適当な枝がないとどうしたらよいかわからなくなってしまう。また、枝の質（強弱の差）によって一〇倍では不適当なときがある。黒っぽい枝のときなど、円周の五倍の距離で切らなければ間に合わないくらいだ。こうした応用措置にも、除葉率の発想は好都合である。

切り上げの位置は一般に先端の枝からというのが基本である。わたしもそうやって切り上げていく（五〇ページの図11参照）。しかし、樹が弱ってきた場合や、もともと樹勢が弱い樹の場合

写真19　20年生程度の樹で葉の数はざっと2万枚といわれる。除葉率20％というと4,000枚だが，だいたいこの程度だ
切り上げせん定だと，落とす葉はほとんどが陰葉になる。写真の下がそうで，全体の95％。対して陽葉は上に見えるぐらいで，全体の5％程度である。つまり，それだけ切り上げせん定では無駄な枝が整理されるということである。残る葉は陽葉が多く，光合成も活発になる

は、もう一枝、中に入ろうかどうか考えるときもある。中に入るだけ強く切り返すことになるからである。そんなとき、除葉率で判断して、どうするかを決める。つまり、全体の二〇％の範囲でまだ十分切れる、というときは少し強く戻れるし、無理となればやめる。あるいは、その一枝だけ中に入るかわり他は手を付けない、というふうにである（実際、切り上げる位置を少し中にとると、除葉率はすぐに二〇％を超え、他があまり切れなくなる）。そうした判断が、除葉率という目安をもっておくと楽なのである。

せん定の段取りをつけるのが、除葉率なのである（写真19）。

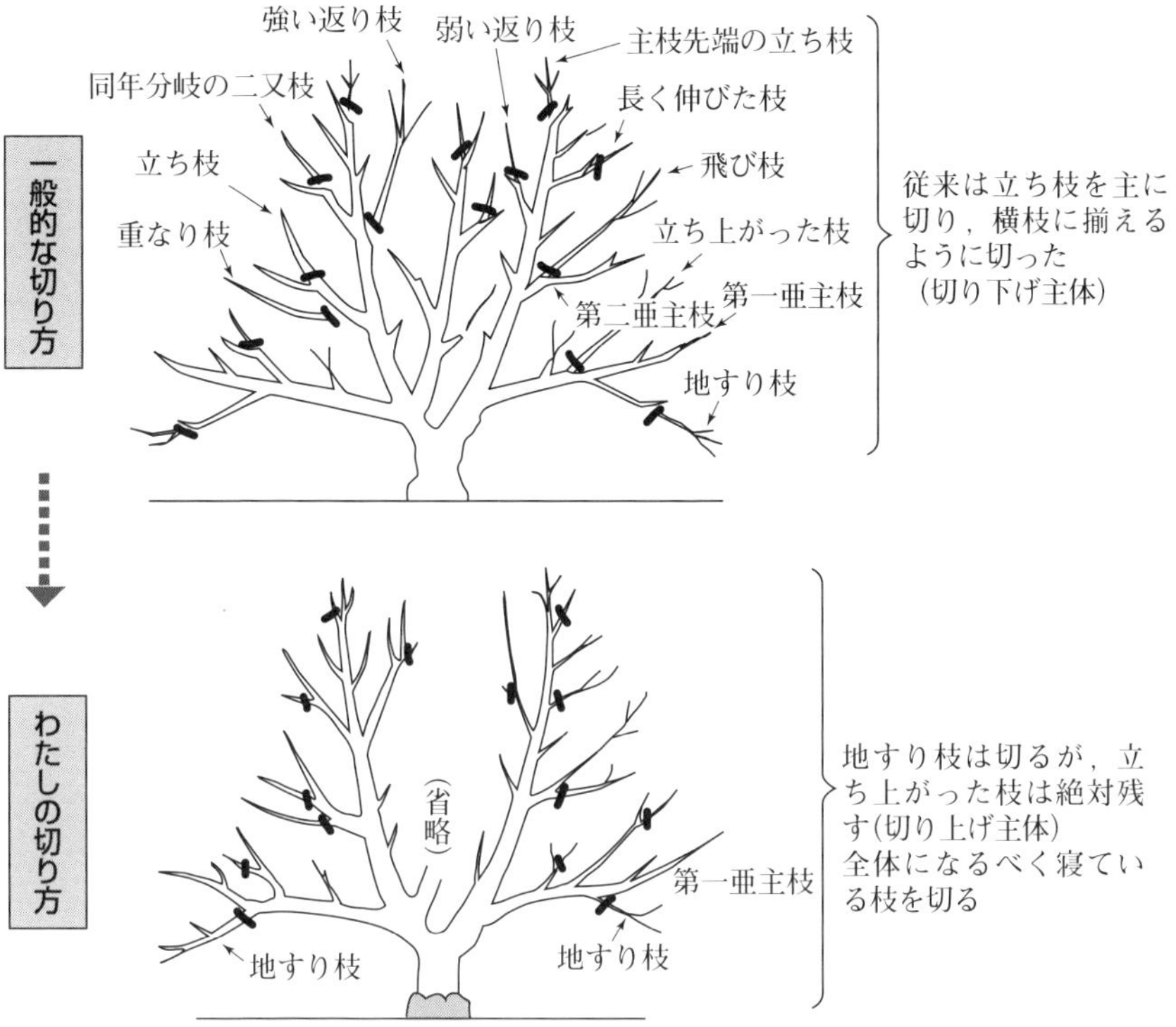

図6　切り方のちがい（その1　全体の樹形）

3 年次別手順にそって

わたしの切り方は、これまでの切り方とまったく逆といってもよい。立ち上がった枝は絶対残すのが基本だからである（図6、7、8、9）。

ではどうやって具体的に切っていくのか。今度は年次別に見ていこう。

一年目

▼主枝から始める

はじめに、樹の周囲をぐるり回って、主枝候補の枝を二～三本程度決めていただこう。

決まったら、その主枝候補枝にある枝のうち、無駄な枝を交互に間引いて

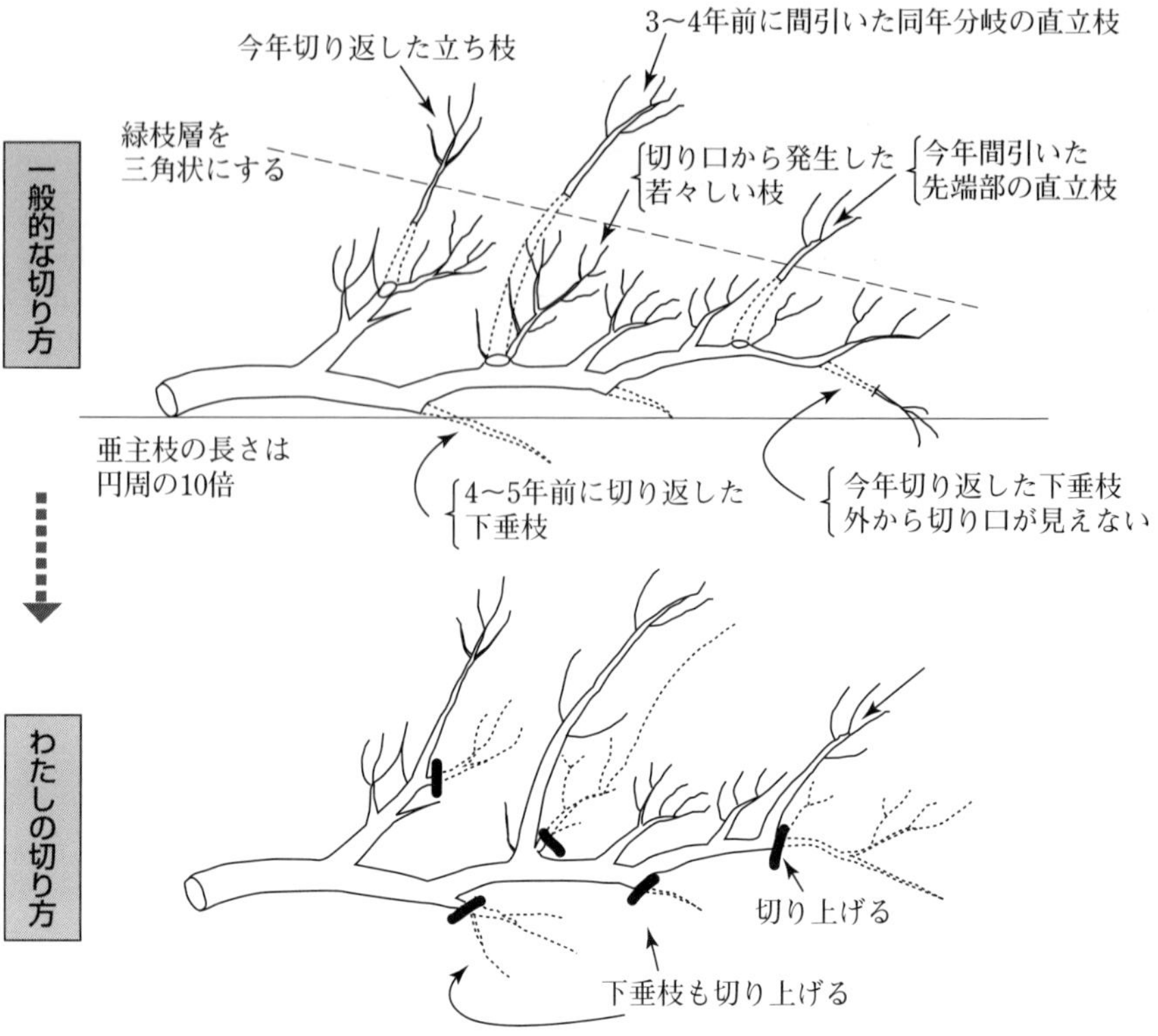
一般的な切り方
今年切り返した立ち枝
3〜4年前に間引いた同年分岐の直立枝
緑枝層を
三角状にする
切り口から発生した
若々しい枝
今年間引いた
先端部の直立枝
亜主枝の長さは
円周の10倍
4〜5年前に切り返した
下垂枝
今年切り返した下垂枝
外から切り口が見えない
わたしの切り方
切り上げる
下垂枝も切り上げる

図7　切り方のちがい（その2　亜主枝のつくり方）

上は従来の亜主枝のつくり方
下が現在のわたしの切り方である。下垂枝を切り上げる以外，まったく逆である

いくのが最初の仕事だ。魚の骨がバランスよく左右交互に配列されているように、枝と枝がくっついているような場合、弱いほうの枝を間引いていくのである。

だが、初めはわからないかもしれない。そのときは主枝の株元に近い一〜二本を間引けばよい（図10①、②）。この方法は追い出しせん定となり、樹を暴れさせずに元気にする。樹体生理とすれば、これも切り上げせん定となる（図9）。この切り方と、下垂枝を切り上げる切り方との二つが、わたしのせん定の基本である。

ちなみに図10は、主枝が伸び上がるのに向かい合う位置から描いているので、そのように見てほしい。実際のせん定に入った場合の作業者の視線ということである。そしてこうして主枝に向かい合い、少し下から仰ぐような格好で見て、図のように、間引いた枝か

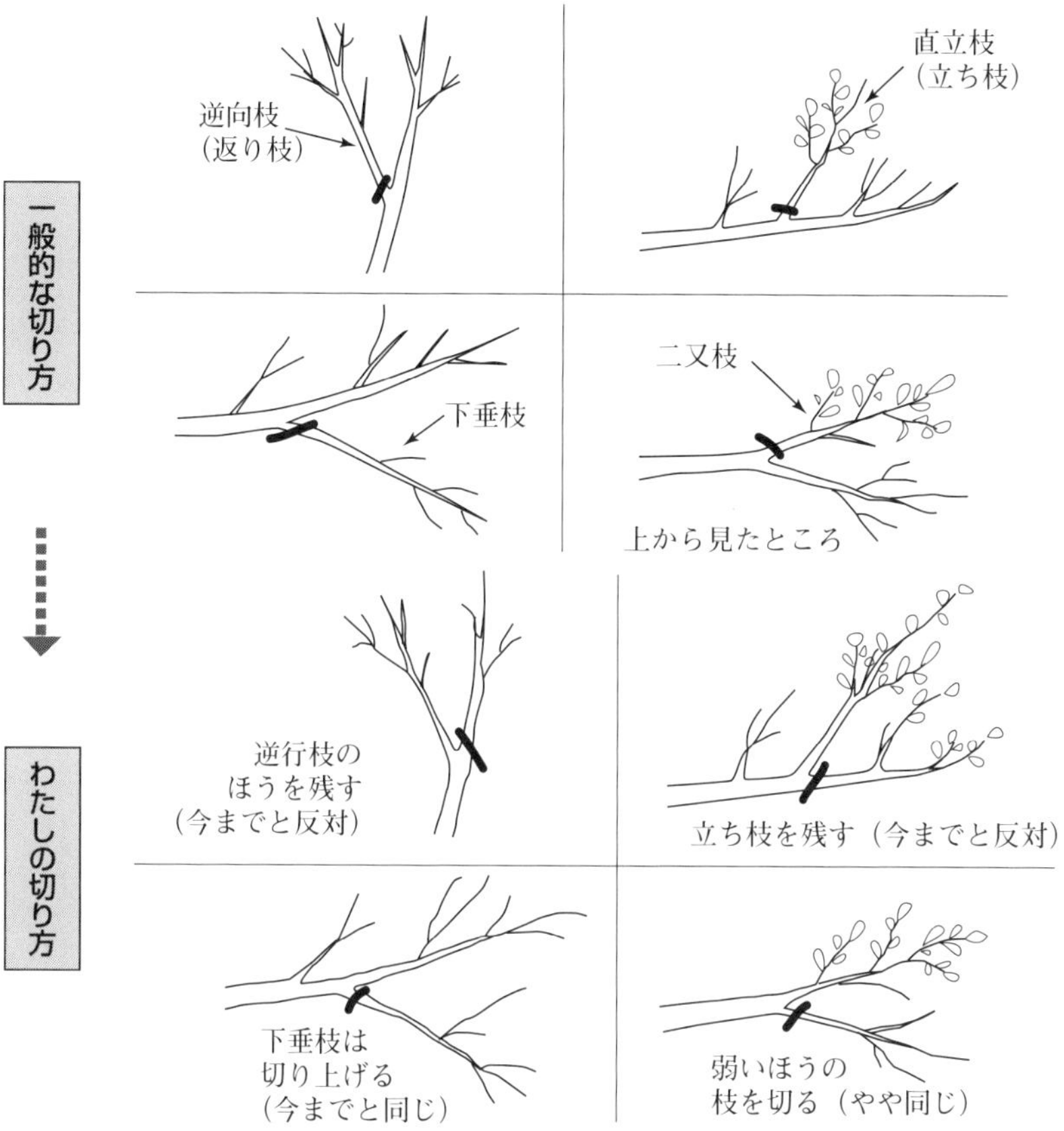
一般的な切り方
逆向枝
（返り枝）
直立枝
（立ち枝）
下垂枝
二又枝
上から見たところ
わたしの切り方
逆行枝の
ほうを残す
（今までと反対）
立ち枝を残す（今までと反対）
下垂枝は
切り上げる
（今までと同じ）
弱いほうの
枝を切る（やや同じ）

図8　切り方のちがい（その3 側枝の整理）

らちょうど逆三角形の形になるように枝が配置できれば、一年目はＯＫである。

　これで主枝がはっきりし、栽培者もうろうろ迷わなくてすむ樹としての骨格がつくられてくる。これ以外の他の枝は邪魔でも一度に切ると暴れるので、二〜三年かけて間引く。

　なお、こうした切り方（追い出しせん定）を続けると、成り位置が高くなり、懐が禿げてきて、困るのではないかという人がいる。しかし実際には、切った跡から新しい芽が発生して（写真20）、翌年〜翌々年にはみごとな果実が成る。つまり、予備枝が自然にできる。かえって樹はコンパクトに維持されるのである。

▼第一亜主枝を決める

　これまであまり大きなせん定をしていない樹では、下枝（第一亜主枝）が

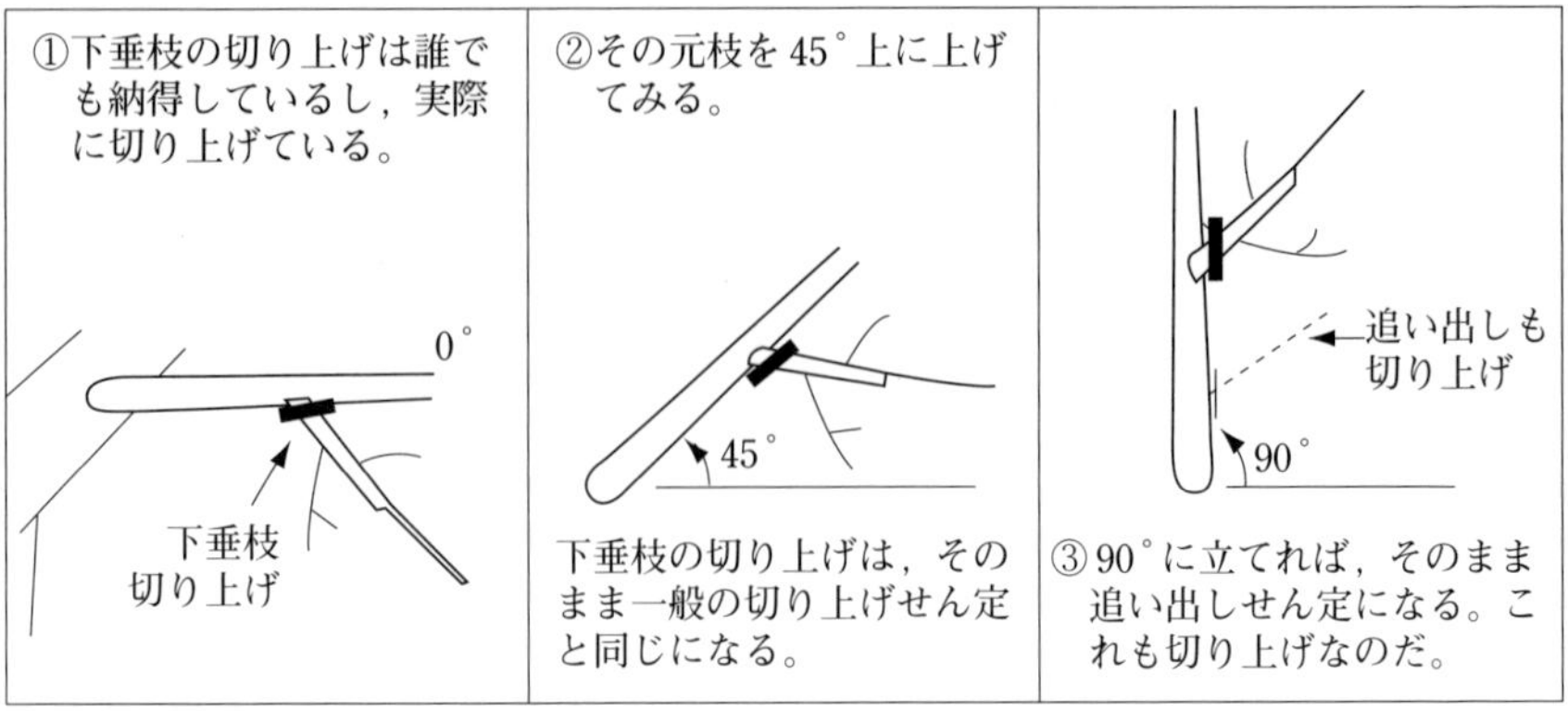
①下垂枝の切り上げは誰でも納得しているし，実際に切り上げている。
0°
下垂枝
切り上げ
②その元枝を45°上に上げてみる。
45°
下垂枝の切り上げは，そのまま一般の切り上げせん定と同じになる。
追い出しも
切り上げ
90°
③90°に立てれば，そのまま追い出しせん定になる。これも切り上げなのだ。

図9　横枝を起こして考えてみれば，“切り上げ”のリクツはわかりやすい

下垂枝を切るのは，無駄な枝だからである。元枝が45°になろうと，90°に直立しようとそれは変わらない。つまりどこでも切り上げせん定なのだ

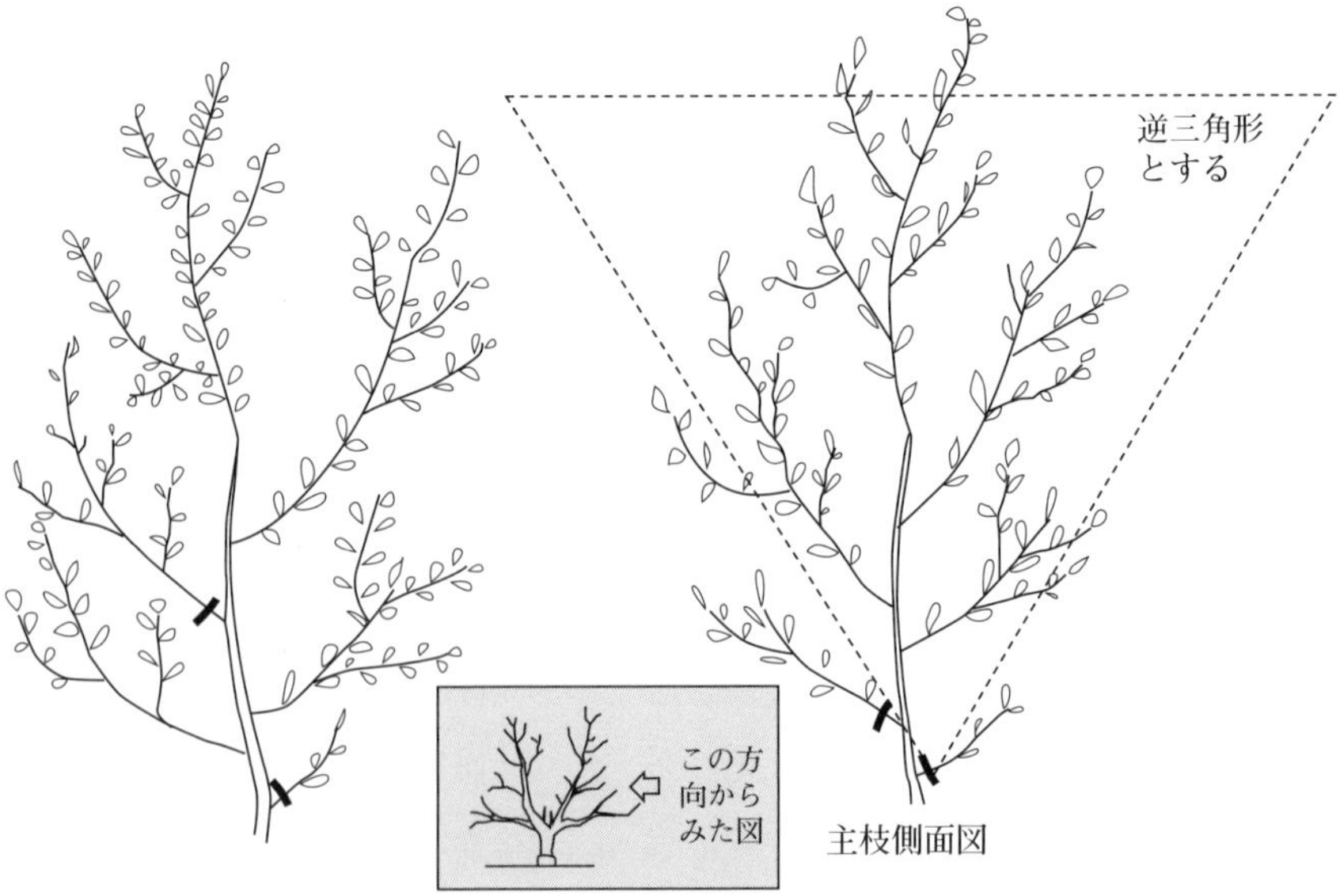
逆三角形
とする
この方
向から
みた図
主枝側面図

②慣れてきたら，一番下を切って，2番目，3番目を残し，4番目を切って枝を交互に配置する

①取り組み1年目は，株元に近いほう（下側）の枝から1主枝当たり1〜2本間引く。形は逆三角形となる

図10　主枝の切り方

写真20　追い出しせん定をすれば，必ず基のほうの切り口から新しい芽が発生してくるので，樹がどんどん高くなることはない。ジベレリン活性を抑えるので，樹はむしろコンパクトになる

伸び過ぎている。これも整理したい。どうせ下枝の果実は摘果で落としてしまうし、下枝が長すぎると作業性も悪い。思い切って切ったほうがあとあと楽である。

立ち枝のある分岐点で、切り上げせん定を行なう（図11、写真21）。

横枝や下垂枝を切り、立ち枝を残すと、養分の流れが立ち枝に集中する。立ち枝はもともと元気なのでさらに勢いがつくが、暴れることはない。

なお、亜主枝の設定は地上八〇センチ前後の位置から発生している枝を選ぶ。八〇センチぐらいないと果実が成ったときに重さで枝が垂れて、地に着いてしまう。数は、主枝一本に対して亜主枝一本が適当だ。

また、側枝候補として第一亜主枝上の立ち芽～枝を大切に育てておくと、将来のいい側枝になる。

以上、一年目のせん定としては、大

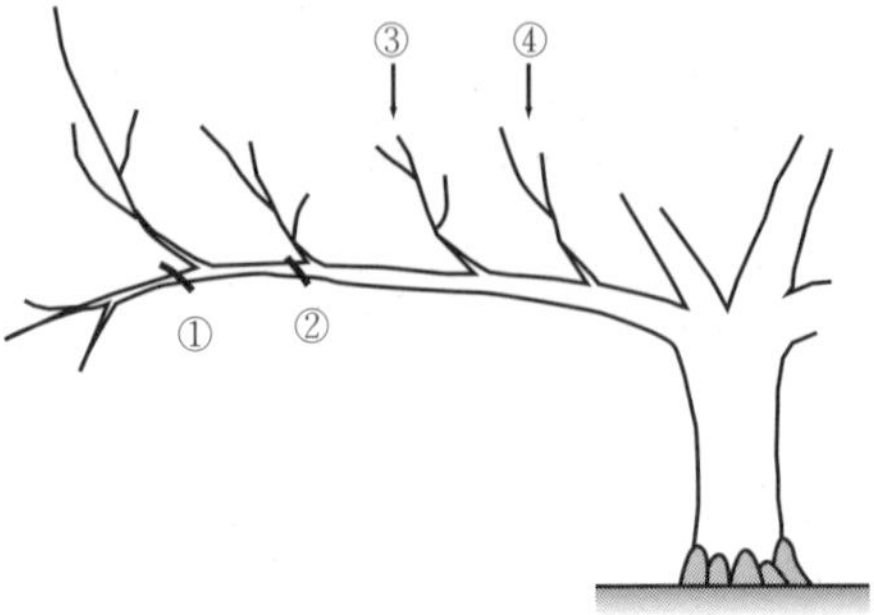

各亜主枝とも①の位置で切る。
②で切るのは，樹勢が弱っている場合だけにする。
初めから②の位置で切ると，除葉率がすぐに20%を超えて他の枝が切れなくなる。
③④の小さな立ち枝は，いつでも亜主枝候補となるので残しておく

図11　亜主枝の切り方

写真21　亜主枝に立ち枝を残しておくと，どこででも切れる。ふつうは①で切るが，縮伐のときには⑤か⑥で，樹間に余裕がないときは②か③で切る。いずれも切り上げせん定である

きい枝を二～三本整理すれば、全体で一五～二〇%程度の除葉率となるので、あとは主幹部を多少間引いて終わりとする。

二年目

▼第二亜主枝を切り上げる

第一亜主枝は、前年に切り上げせん定しているので、あまり切るところがない。前年に用意した第一亜主枝ができてきたら、二年目は第二亜主枝の切り上げを行なう。

設定箇所は、地上から一五〇センチ前後の高さに、第一亜主枝とは五〇～八〇センチほど離して置く。

この年、主枝については、前年に切れなかった枝を整理して枝格を明確にし、主枝に樹勢を保たせる。うまくいけば、二年目で主枝と第一、第二亜主枝の各三本ずつ揃った樹の骨格ができる（主枝は二本でも可）。

また、これらの処理では除葉率は一〇%前後にとどまり、かわって、この年から側枝単位の細かい切り上げせん定ができるようになる（三年目の項を参照）。

三年目

▼三年目からは側枝の整理中心に

三年目になると、さらに太枝を切ることは少なくなる。

切り上げせん定していると年々大きい枝を切る必要がなくなってくるが、切り下げせん定だと毎年ノコを使って枝を切らなければならない。せん定が進んでいない証拠だ。

切り上げせん定の三年目は、内向枝と主枝の先端を切れば除葉率は、五%前後。半分以上は、側枝を中心の細かいせん定になってくる。

まず、側枝を第一亜主枝で一～二本程度に、第二亜主枝で〇・五～一本程度に整理し、側枝も同様に込んでくるので、母枝の整理を行なう（図12、写真22）。といっても、むずかしいものではない。

写真22のように、母枝と母枝との間の枝や弱い母枝を整理し、果実が枝でこすれて傷つかないようにする程度である。これらの枝は残しておいても、花数を多くするだけである。整理したほうが、ほかの母枝に養分がまわり充実し、樹も元気になってくる。

なぜなら、弱い枝に着いて落ちる葉は多くが陰葉（日陰に着くべろっとした葉、写真23）である。わたしのせん定では、落とす葉の九〇%割以上がこの陰葉になる。陽葉はほとんど落とすことはない。これも今までのせん定と大きく違うところである。切り上げせん定によって活力の高い葉を、樹全体に揃えていくことができるのである。

整理前

分岐部付近の弱い枝をまずカットし（上の写真①），次いで，果梗枝をせん除（左ページ上の写真）。除葉率が20％以内でまだ十分せん定できる場合は，さらに母枝と母枝の間の枝を間引く

（①の左側の弱い母枝を切ったところ。次に右を同様にせん除する）

四年目以降

▼〝窓〟開けせん定は無用

せん定のとき、樹の中に空間をつくろうとする人がよくいるが、これは間違いである。

たしかに日あたりはよくなるだろうが、陽は真上からというより斜め上から差し込むので、主枝と主枝の間隔を開けておきさえすれば必要な光は吸収できるのである。あえて、〝窓〟を開けてやる必要はない。

第一、樹の懐に果実はあまり成らさない。せん定の最後に少し内向枝を除く程度で十分である。

▼果梗枝整理の大きな効果

さて、ここまで切り上げせん定を三年続けると、ノコで切る枝がなくなる（写真24）。せん定バサミで少し切れば済むようになる。対象になるのは、果梗

写真22　側枝上の母枝の整理

弱い母枝を切ったら，次に果梗枝（矢印）を整理する

整理後

果梗枝（点線）をせん除し，箸の太さに枝を揃える。枝の色，つや，長さ，太さを揃えれば，成ったミカンも，味，大きさが揃う

枝（成りカス、写真25）や長さの短い母枝、つまり弱い母枝などが中心だ。

一般に果梗枝を予備枝にする人もいるが、果梗枝は、一度果実を着けて弱った枝である。養分の量も、ジベレリン、サイトカイニン、オーキシンといったホルモンの絶対量も少ない。よい芽は出ないし、力が弱い。花が着いても飛んでしまう。そして翌年は発芽せずに直花だらけだ。全部は落としきれないため残る果梗枝もあるが、わたしは積極的に使おうと思わない。

高品質・連年安定生産を狙うなら、果梗枝はできるだけ使わず、発育枝を使っていったほうが、何十倍も得で楽なのである。

また多少手間はかかるが、果梗枝を整理するだけでもみごとなせん定になる。驚くかもしれないが、本当にそうだ。どうしてもせん定がわからないという人はぜひ試してみるとよい。

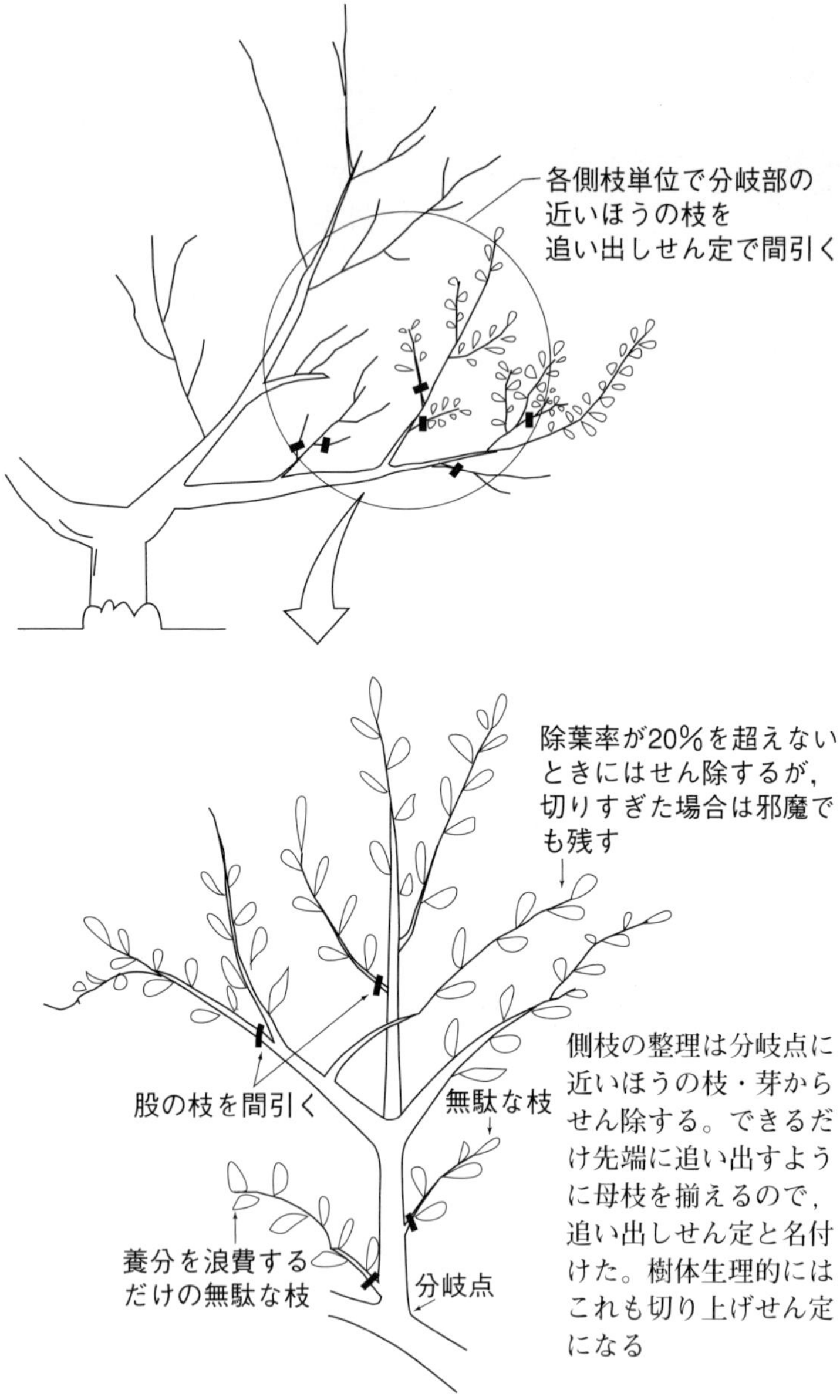
各側枝単位で分岐部の
近いほうの枝を
追い出しせん定で間引く
除葉率が20%を超えない
ときにはせん除するが,
切りすぎた場合は邪魔で
も残す
側枝の整理は分岐点に
近いほうの枝・芽から
せん除する。できるだ
け先端に追い出すよう
に母枝を揃えるので,
追い出しせん定と名付
けた。樹体生理的には
これも切り上げせん定
になる
股の枝を間引く
無駄な枝
養分を浪費する
だけの無駄な枝
分岐点

図12　側枝の整理のしかた

あとは母枝の色、つや、長さ、太さを揃えるだけのせん定になっていく（写真26）。

なお、以上のせん定でいずれも除葉率二〇％以内は原則どおり。それ以上になると、着花が悪くなる。できれば、一五％程度に止めるのが理想的である。

写真23　陰葉はよい花が咲かない（上）。わたしのせん定では落とす葉の90％以上がこの陰葉。さらに切り上げせん定をしていくと陽葉（下）が多く残り，増えてくる

写真24　切り上げせん定を数年続けると，切る枝が少なくなる

写真25　果梗枝は，発芽するが，弱い芽が発生しやすいので矢印のところでせん除する。この果梗枝を整理するだけでもみごとなせん定になる

写真26　4年目以降は，結果母枝の基の枝の太さ，長さ，色，つやを揃えるせん定が中心となる。これを芽分けせん定と呼んでいる。上の指と指の間のような枝を残すようにする

4 無駄な枝が見えてくる

二年も切り上げせん定を続けると、毎年ミカンが成り、発芽もよく揃うので、じつに簡単に切れるようになる。慣れてくると、無駄な枝が見えてくるからだ。

それまでは主枝、亜主枝、側枝、結果母枝がつくりたい、だからそれを邪魔する枝を切ろう、という思いが優先していたのを、発芽がよく揃って、芽を随意に選べるようになると、枝の確立はまずおいても無駄な枝が整理したくなる。亜主枝の下に伸びる下垂枝などはいちばんに切りたくなってくるのである。

邪魔な枝と無駄な枝はまるで別だ。邪魔な枝は、その周辺の枝がなくなれば、出番がある。たとえば、主枝の内側に出てくる立ち枝は、主枝に対しては邪魔だが、主枝が弱って更新の時期になったら、使える枝である。

これに対し、下垂した枝は無駄な枝である。なぜなら下垂枝に更新しても、この枝は起きあがらない。環境が変わっても、下垂枝は下垂したままである。花でも着けば、養分を浪費するだけ。さらに果実がとまれば、摘果が大変な作業としてついて回ることになる。

また、側枝の分岐部付近に出る弱い母枝もそうである。養分が少ないため直花が着き、その年に枯れ枝となりやすい。養分を浪費する無駄な枝になるのだ。これを間引くことにより、その側枝のほかの母枝が生きる。

ようするに、残しておいても仕様がない枝が無駄な枝である。じつはこうした枝は、ミカンが自分でせん定して、一年後には枯れ枝になっている。無駄な養分を消耗しないようにということなのだろう。つまり、ミカンが自分でも枯れ枝にしてしまうようなこういう枝からどんどん処理しようというふうに、切り上げせん定に慣れてくるとなってくるのだ。

わたしのせん定は結局この二つ、下垂枝の切り上げと、弱い母枝の間引き(追い出しせん定)が中心で、これを除葉率二〇%の範囲でやろうというものなのである。

◇〝切り上げ〟から徐々に〝追い出し〟に

くり返すが、追い出しせん定も樹体生理的には切り上げせん定と同じで、わたしは二つをまとめて、「切り上げせん定」と考えている。

初めは、切り上げが多く、徐々に追い出しが多くなっていく。先のせん定手順にしたがっていえば、一年目は切り上げせん定が四分の三に、追い出しせん定処理が四分の一程度になる。これが二年目は、切り上げは少なくなって五分の二で、追い出しが五分の三程度に、三年目になると切り上げが四分の一の、追い出しが四分の三程度と逆転する。そして四年目以降は、切り上げは五分の一ぐらいで、追い出しが五分の四という割合である。

そしてこの頃には、切る量も本当に少なくて、せん定バサミも小さいもので間に合うようになっている。そうでなければまた、うまくないのである。

横枝～下垂枝を切り上げれば作業道が確保でき，スピードスプレーヤも通せる。
下の枯れ枝は，すべて切り上げせん定で落とした横枝や下垂枝

作業道開設にも便利な切り上げせん定

長大化した亜主枝の切り上げ処理は、作業道の設置にも役立つ（上の写真）。既存園にスピードスプレーヤを通すときなど、このやり方で十分である。

また本当の密植園での間伐は、主幹部まで戻って亜主枝を切っている。ここまで思いきって戻っても花が着くのは、サイトカイニンの活性を促しているからだ。

写真で見る側枝の整理いろいろ

1　立った側枝のせん定前状態

2　分岐部に近くて弱い枝をカットした状態

3　側枝でも下垂した枝はカットする

4　追い出しと切り上げで，立った側枝も斜めの側枝も独立する

5　背面からでた側枝は積極的に使う。せん定は分岐部近い枝で弱いのを優先的にせん除する

6　無駄な枝がなくなったので養分吸収がよくなり，よい花が咲く。これで母枝が揃う

7　これも分岐部に近い枝をカットし，養分吸収をよくしている

8　仕上げは果梗枝のせん除

写真27　デコポンなどはやや強めに，切り上げる位置は主幹側に一枝奥で

5 切り上げせん定 応用編

◇樹勢の強弱で切り上げる位置を変える

冒頭に断ったように、以上の切り方は早生温州を標準の樹勢とみてのものである。早生より樹勢の弱い極早生やデコポンは発芽しにくい性質なので、やや強めのせん定とする（写真27）。

たとえば、切り上げをする位置なども、主幹のほうに一枝入りこむ。

また主枝の先端部は、三〇センチ以上のしっかりした発育枝がない限り、

写真28　高糖系温州のように樹勢の強いものほど切り上げせん定が有効
樹勢の強いものは，もともとジベレリン活性が強いから暴れるのである。だから切り上げと追い出しせん定で結果層をつねに先端部にもってきて，果実を下垂させる。そうすれば，中玉で浮皮の出ない高品質ミカンになる

枝の途中で切り返しせん定はしないことだ。切り返しせん定をして樹を元気にしてやりたいところだが、樹勢が弱いので発芽しないのである。人間でいえば病気にかかっているようなもので、発芽前に葉面散布剤を併用するなどして発芽を促し、場合によっては芽かきも行なって長い発育枝を得るようにする。こうした樹勢の弱い品種は、多少手間でも少し努力が必要である。

逆に、樹勢の強い「青島温州」や「大津四号」の場合には、切る位置を一枝遠くする。一芽手前で切り上げるようにする。

また、これらのミカンは隔年結果性が強いので、できるだけ有葉花を使う。直花を使うと、M・L中心の小さめの果実はできるが、発根を抑えるので連年結果しにくくなる。樹勢の強い樹こそ切り上げせん定をして有葉果を増やしていくべきだ（写真28）。

◇独特な「はるみ」のせん定

「はるみ」の親はデコポンと同じだが、デコポンともポンカンとも、もちろんミカンとも性質を異にする。ミカンとの大きな違いは、樹勢は強いのに花が着き始めると一気に弱ってくることである。

このような「はるみ」をつくりこなしていくうえで大事なことは、何よりも花を少なくする整枝・せん定である。

せん定の前に、前年の整枝を確認しておこう。

なかでもとくに大事なのは、夏芽・秋芽の処理である。春芽、夏芽、秋芽が発生するが、秋芽を一本に芽かきしておかないと、びっしり花が着き、こうなると結実初年と二年目は連年結果だが、三年目は一気に不作となる。秋芽を早めに一本にすること——これがポイントである。

もしこの秋芽の処理がせん定時になったとしたら、処理の時期としては遅く、すでに〝隔年結果の病気〟にかかり始めたとみなければならない。そんな場合は、樹高二メートル以上の成木で、主枝より少し小さい枝を三〜四本程度切り返して、強い徒長枝を発生させてやるとよい。こうして隔年結果の〝病気〟を治してやる。つまり発生した徒長枝がそのまま予備枝となるのである。接ぎ木を新たに三〜四本したと思えばよい。

そして、とにかく枝の先端を一本にすることだ。あとは、ふつうの切り方(もちろんこれまでふれてきた切り上げせん定と追い出しせん定)でよいが、どちらかといえば、「はるみ」は追い出しせん定のほうが多くなる。

また、極早生やデコポンなど発芽しにくい品種の場合も大事なのは芽かきで、出た芽が弱い場合は間引いて一本にし、さらにそこから出た芽をかいて一本にする。花に成ったら摘蕾してもう一度芽を出させるとよい。

芽が強い場合は、切り返しをしても発芽させることができる。

◇発生した夏秋梢は積極的に活かす

切り上げせん定を続けていくと、枝が軟らかくなり、収穫などで樹に登ると不安定な感じがする。地上採収できる樹にしないと能率は悪い。豊作年には主枝を思い切って縮めるなどが必要になる。この場合のポイントは夏秋梢がしっかり出るように切ること(写真29)。隔年結果する樹も、しっかりした夏秋梢が出せれば連年結果のサイクルに持ち込める(写真30)。

どういうことかというと、高接ぎの長梢方式を思い出してもらえばよい。接いだ後は一本にして伸ばし、二年目に枝を曲げて発育枝を出させて、そこにミカンを成らせる方法である。

これはふつうの接ぎ木より発芽のスタートが早いので、秋芽まで充実する。二年目から成らせることができるのと同時に、元に芽が吹いてその次の年もちゃんと成る。連年結果するのである。これと同じことが夏秋梢でもできる。

夏秋梢は発生しないほうがよい。また切り上げせん定をしていれば、隔年結果も自然となくなり、夏秋梢の発生に悩まされることも少ない。しかしもし発生したら切らずに残し、積極的に生かしていくほうが絶対得策である。先端の秋枝に成らし、春・夏枝に発育枝を発生させるやり方、つまり春・夏枝が予備枝になるのだ。

写真29　切り返しでわざと強い芽を吹かせる。夏秋梢がしっかり出るように切る

わたしは、せん定に時間をかける園と手を抜く園を、年によってわけている。兼業の週末農業としては、そうでもしないとせん定の時期を失してしまうからだが、たまにそうすると夏秋梢が発生する。

その夏秋梢が強い場合はそのままだが、弱いと枝全部に花がきて、かえって樹勢を弱らせることになるので、年内、できれば十～十一月中に思い切って切り戻しておく。そうすると翌春、素晴らしい予備枝が出る。強い夏秋梢は、先端の秋芽に結実し、夏芽の部分には発育枝が発生する（写真31）。

「徒長枝などにいい果実は成らない」と考えてきたような人には思いもよらないことだろう。しかし自然界に無駄

写真30　もし隔年結果したら，不作年に夏秋梢を一本にして伸ばす。連年結果のサイクルにもちこめる

＊夏秋梢発生後2年目に結実した様子

＊同樹の3年目。
左は摘果前（8月），
下は結実状況

写真31　強い夏秋梢は先端の秋芽に結実し（上），夏芽の部分には発育枝が発生する。果実を収穫すれば枝は起きあがる（下）

なものはない。少し考えを変えてみれば、隔年結果などそれほど苦労せずとも解決できるのである。

6 チェンソーを活かして省力せん定

夏秋梢の発生がこわくなくなれば、せん定はすごく気持が楽になる。おかげでせん定にチェンソーが使える。わたしはチェンソーをノコ代わりに使って省力を実現している。

ヘッジローせん定のように通路に伸び出たような枝をばんばん落としていくだけではない。樹の中でもチェンソーを活用している。枝切りのスピードが一〇倍以上と早くなるのは当たり前だが、ノコではなかなか切れなかった

写真32　チェンソーでの切り上げせん定

早く切れるのはもちろん，えぐり取るように切るので，切り口のゆ合が早い。右は，ユゴー剤もアルミ箔も使っていないが，1年でこのようにゆ合が始まっている

枝もきれいに切れる。大きい枝の場合、多少、木質部が枯れ込むことがあるが、生産に大きな支障はない。

また、枝の下からあてがって、バーの上部で切り上げれば切り口はきれいで、枯れ込みはなくなる（写真32、図13）。

わたしは、せん定を効率よく済ませるため全園を三回くらいに分けて行なう。花が着きやすい品種は早く、花が少ない品種は遅い。二月から三月にかけては、伊予柑、甘夏、八朔、デコポン、極早生の順で、このうち伊予柑やデコポン、極早生はハサミを使うことが多いので出番はあまりないが、甘夏と八朔はチェンソーで荒せん定をしておく。そして三月から四月は、早生ミカン、普通温州、青島温州の順に、やはりチェンソーで荒せん定を行なう。

チェンソーがひととおり終わると、次に若干のノコとハサミで仕上げていくのだが、忙しい年はこれで終わる園もある。切り上げせん定を続けていると、毎年のせん定量は本当に少ないからである。おかげでわたしのせん定はまったく楽である。

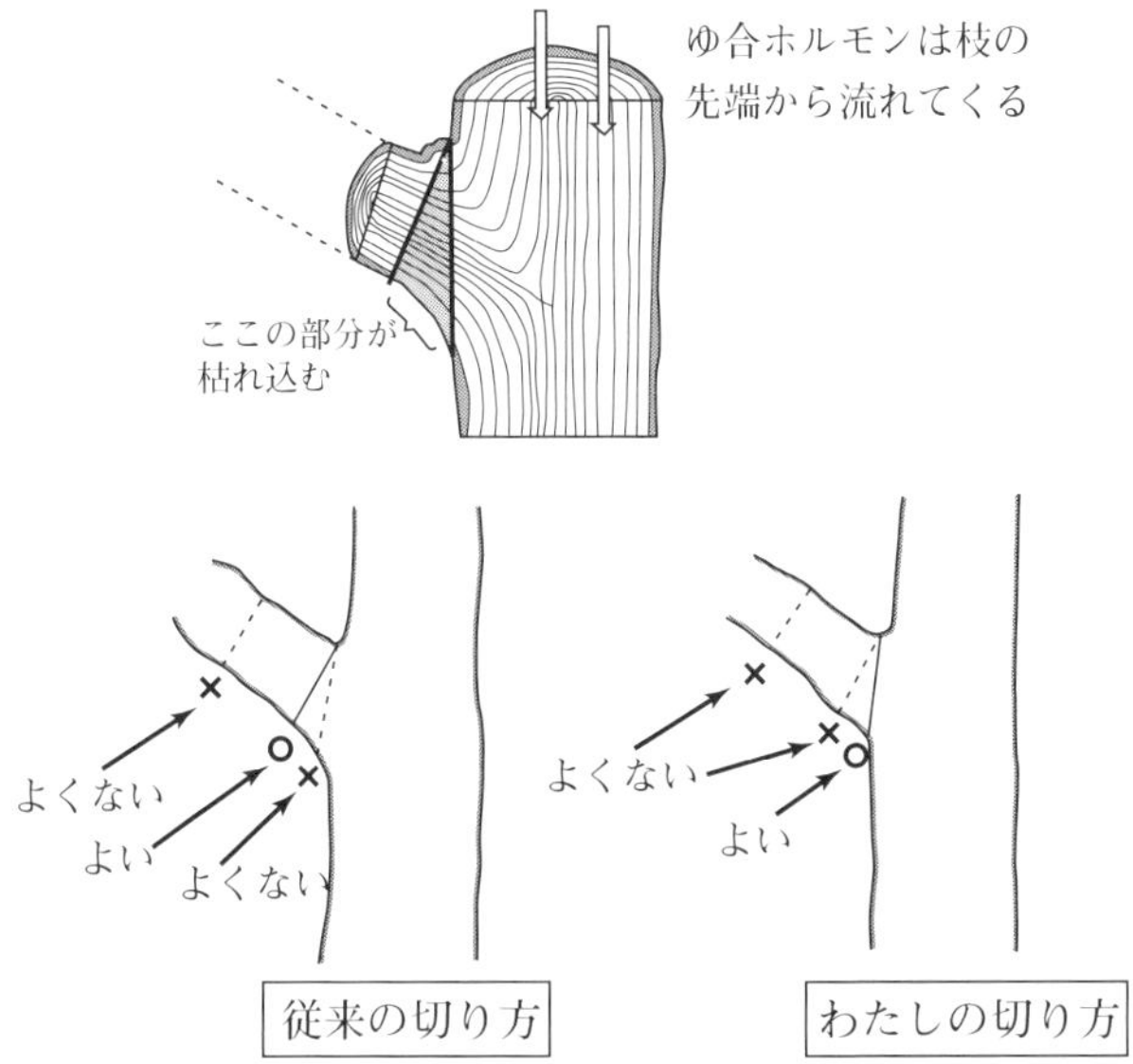

図13　枝を切る位置

◆ゆ合の原理

枝を切ったあと切り口がゆ合するには，ゆ合ホルモンが影響する。ゆ合ホルモンは傷ができたら，枝の先端からおりてくる。そのため切り返しせん定をすると枝の先端がなくなるので，ゆ合しない。枝をえぐり取るように間引けば，ゆ合ホルモンは残った枝から流れるので，きれいにゆ合する。

仕事のリズムをつくるチェンソー

チェンソーを使い始めて一〇年になるが、安全面には十分気を付けている。

たとえば、エンジンの始動は必ず地上に置いて行なう。樹に登って使うときは、スロットルレバーの付いていないほうの取っ手を持つ。また切り口の確認で顔を近づける必要があるので、使用時にはスキー用のゴーグルをかける（暑いときは草刈用のメガネがよい。写真）、といった具合だ。

現在使っているのは、リョービの二万九八〇〇円のもの。一五〜二〇分使えば燃料が切れて、燃料とオイルの補給とチェーンの掃除となるこの間が休憩時間となり、実にタイミングがいい。一回の燃料補給で二五分も続けるとさすが疲れる。一〇分だと短すぎる。うまいインターバルになっている、と思っている。

こんなところもチェンソーでやるせん定で気に入っている点だ。

使用時にはゴーグルをかけて

本書で用いている せん定用語解説

せん定の用語はどうもわかりづらいという人が多い。本書としての共通理解を得るために、わたしなりに定義をしておく。

切り方の種類

切り返しと間引き　切り返しせん定とは、基部を残して長さを切りつめる方法で、強い発育枝が発生する。

間引きせん定は枝の分岐した部分から切り除くことをいい、枝の数を減らして、花芽を着ける場合に多く使う。しかし、枝の分岐部から切るのでも太い枝の場合はとくに間引き的切り返しといって、切り返し的効果のほうが大きい。

また、立ち枝を分岐部から間引くのは、外観では横枝のほうが大きくても力関係では立ち枝のほうが強いことが多いので、この場合は分岐部で切っても、切り返しの効果が出る。立ち枝を多く切るとジベレリン活性が高まり、強い発育枝が立ち、着色遅延や浮皮果が多くなるのである。

切り上げ　下垂した枝を切る方法。効果は、間引きせん定である。

切り下げ　立ち枝を切る方法で、前述した間引き的切り返しの効果がでる。

追い出し　枝の、分岐部の近いほうの枝を間引き、結果部を先端にもっていく方法。落葉果樹の追い出しせん定と切り方が似ているのでこう呼んでいるが、目的は落葉果樹のそれとは違う。ミカンの場合は分岐部に近いほうの弱い枝から積極的に間引く方法である。

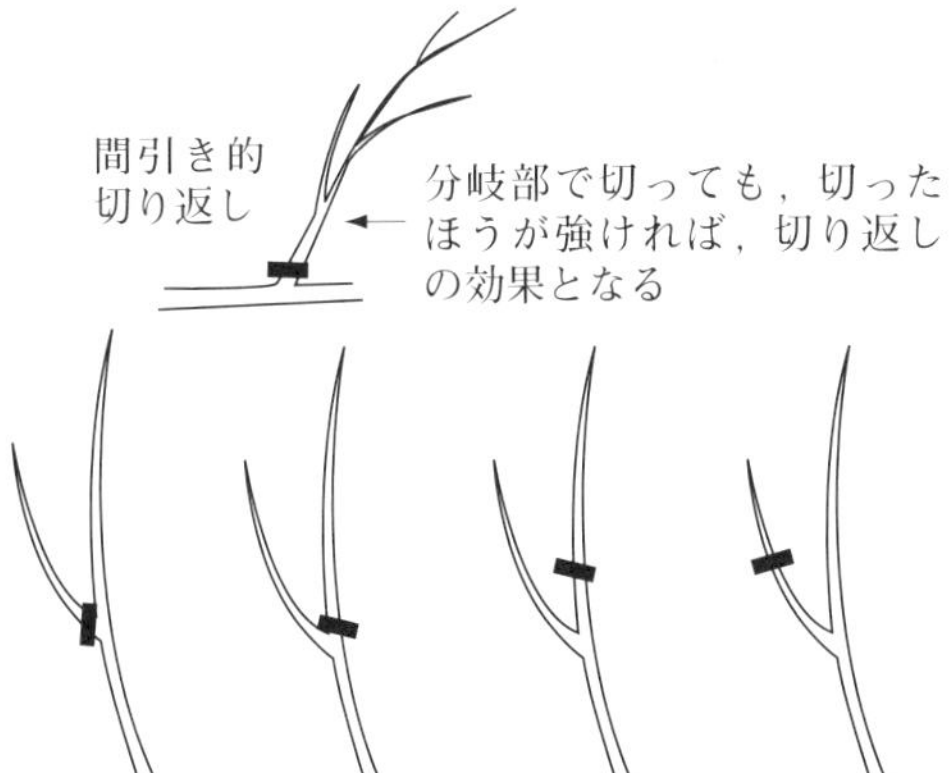

間引き的
切り返し
分岐部で切っても，切ったほうが強ければ，切り返しの効果となる
間引き
切り返し
切り返し
切り返し

枝の種類

発育枝　春に発生して、花を着けていない芽のこと（春芽）。花芽分化するまでの枝。花芽分化後は結果母枝（成り芽）と呼ばれる。

結果枝　春に発生した芽の先端に果実を着けている枝のこと。

果梗枝《かこうし》　結果枝でヘタに一番近いところの枝を指す。一般的には摘果や収穫により果実がなくなった枝のこと。

下垂枝《かすいし》　水平より下がった枝のこと。どちらかというと邪魔な枝というより無駄な枝が多い。

内向枝《ないこうし》　内側に向いて発生した枝で、一般的には邪魔な枝とされているが、枝の更新にはかかせない。

立ち枝　一般的には、粗い果実が成るし、樹形を乱すもとになるので悪い枝とレッテルを貼られているが、養分も十分にあるので切り上げせん定すれば最高の枝となる。

横枝　一般的には、樹勢が落ちつき最高の果実が成るといわれているが、事実は直花が多く、発芽数が少ないので樹勢が弱りやすい。わたしは横枝をあまり使わない。

徒長枝　春芽の先に夏芽・秋芽と夏秋梢が発生した強い枝のこと。樹形を乱すので、とても悪い枝とされているが、あればわたしは積極的に使う。これを使えば、何もしなくても三年間は連年結果するからだ。

もちろん切り上げせん定でちゃんと管理すれば、徒長枝はそんなに発生しない。徒長枝が悪いのではなく、徒長枝が発生するような樹にしたのがいけないのである。

背面上向枝　亜主枝などの横枝の上に発生した立ち枝のこと。

予備枝　大豊作が予想されるときに、翌年の母枝を確保するために着花が予想される枝の母枝を切り取り、発育枝を発生させるように処理した枝のこと。

芽・花の種類

有葉花・果　結果母枝から発芽して、葉が数枚出た先に着く花のことで、ミカンの場合は二～四枚程度、中晩柑は

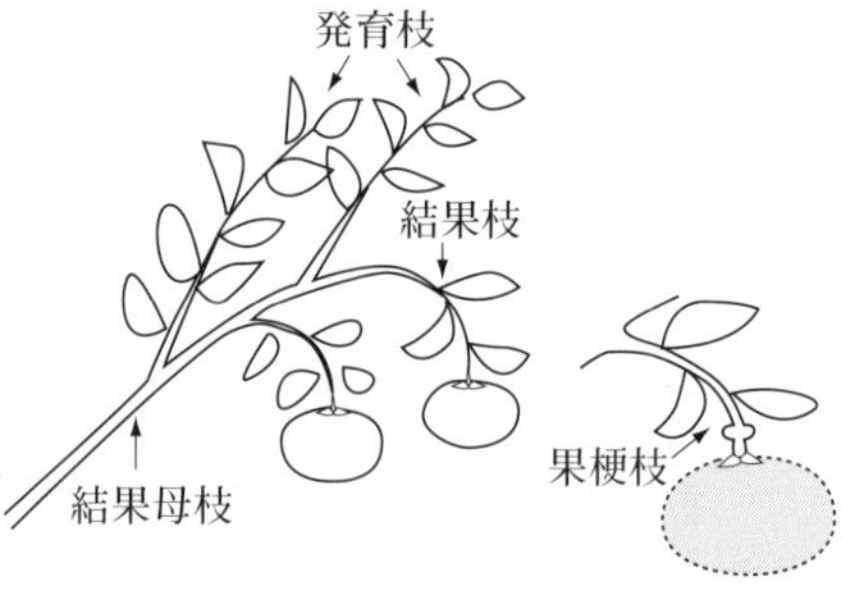

五～六枚程度がよく、デコポンになると一〇枚以上の葉をもっているものがよいとされている。一般的に大きい果実になりやすい。また、切り上げせん定すれば有葉花・果でも果梗枝が細くなり、よい果実となり、収量も多くなる。わたしは積極的に有葉花を使う。

直花　結果母枝に直接着いた花。葉はつけない。あまり多く直花が着くと、樹体の損耗が激しくなる。

べた花　べったりと直花が多くついた状態を指す。

春芽　春に発芽した芽で、翌年の結果母枝になる。一般的には、一二センチ前後の長さがよいとされている。

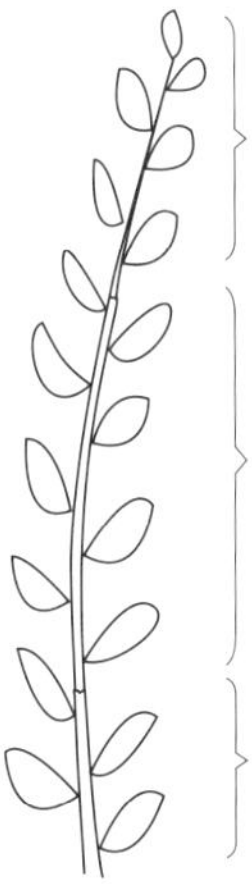

梅雨芽（土用芽）　ミカンではほとんど出ないが、ネーブルオレンジなどでは春芽が発芽した後の六月頃に発芽する芽があり、これをその時期の名を取ってこういう。

夏芽　春芽の先端から発生した芽のこと。ミカンでは不作の樹でないと発生しない。ネーブルやレモンではかなり結実しても多く発生する。

ミカンの場合、発生した夏芽は早く発生して、芽が太く長くなると翌年は発育枝が発生する。弱いと、べた花が着き、樹勢衰弱のもととなる。夏芽を芽かきしないで、一～三本をそのまま残しておくとべた花が着く。

秋芽　夏芽の先端に発生する芽。大不作だと、夏芽の先端から二～三本発生する。そのままにしておくとべた花が着くが、早めに芽かきをして一本にしておくと立派な花が着く。春芽に着花させたものほどでないが、十分立派な果実がとれる。不作からやや不作の樹では、弱いものが一～二本発生する。いずれにしても何もしないと弱いべた花が着く。一本に処理するのが肝心だ。

Ⅳ 摘果はもう一つの樹づくり術

摘果は下向きの果実を残し，
それぞれを独立させる

せん定の話を始める際に（第Ⅱ章）、おいしいミカンはどこに成るかを考えた。答えは、〝一枚葉裏〟。七月、八月まではしっかり日に当たっていて、九月を過ぎると葉裏に隠れてしまう、そんなミカンが糖度も高く、酸は少なめで、中の袋がとろけるようなものとなると述べた。こういうのは着色も早い。

じつはこの確認は、摘果のやり方を決めるものでもあるのだ。

摘果によって樹の性質も変わる。わたしは、摘果を切り上げせん定とセットになる樹づくり技術の一つだと思っている。わたしの摘果は、そういう意味では一般の摘果とまた違う。

ここでは、日陰に追い込む摘果（仕上げ）を紹介しよう。

なお仕上げの前にすそ枝果や内なり果は、荒もぎ摘果時期にできるだけ落とす。収量を上げたいときには多少残してもよいが、樹勢に応じた残し方をしないと全体の肥大が悪くなる。あまり欲は出さないほうがよい。

1 下向き果実を残す

まずわたしの手順をざっと示しておけば――

①最初はふところ部の果実を落とす

②果実は一個一個独立させる。三つ成っていれば真ん中を取り、間を空け、二個の場合は小さいほうを取る。くっついていたのでは着色遅れとなるので、果実と果実を分ける摘果をする

③上向き果を取る。横や下を向いた果実を残す。下向きの果実にはオーキシンが貯まりやすいので、糖度も上がりやすい

④ただし例外として、膝から下に成った果実（を残すとき）は下向き果のほうを取る。また、果実に大小がある場合は小さいほうを、下向きの果実には、傷がある場合に上向き果を残すことがある

たとえば写真33は、上の果実（A）を落とせばくっつかなくなるし、残った果実も早くから下を向くので、糖も早くから貯まり、一枚葉裏ミカンとなる。

このような摘果の仕方をすれば、八月末にはほとんどの果実が下を向いている。

そうなればまた、樹そのものも樹勢が落ち着く方向の生殖生長に変わり、少々土中にチッソがあっても熟期促進のほうに使われ、問題はない。逆に上を向いている果実が残ると、その枝は

写真33　わたしの摘果

上（A）と真ん中の果実をとって，果実どうしがくっつかないようにする。また，下向きの果実を残す

写真34　摘果前の果実の結実状態。これから果実をくっつけないで下向きを残していく
糖度の高いミカンに仕上げるには，収穫時に果実のヘソの部分が下を向いていなければならない。それと果実どうしがくっつかないようにする。そのため，①②の果実は絶対落とす。③は樹全体に果実が十分あれば落とす。これで下向きの果実が残るようになる

栄養生長になり、樹が元気になる。秋にチッソが残っていたり、雨が降ったりすると着色が遅れたり、浮き皮の原因になる。

いろんな人の摘果を見ていると、あまり果実の向きなど気にせず、日に当たるかどうかを基準に残す果実を判断しているようにみえる。それでは天候に左右されやすいミカンになってしまう。摘果では上向きの果実を落とし、いっせいに果実を下に向けることが大切なのである（写真34）。

2　枝の太さで葉果比を判断する

ところで、果実一個ならせるのに何枚の葉が必要か、ということで「葉果

写真35　箸の太さ（6〜7ミリ）ぐらいの母枝（上）の葉数は約40枚（下）。これなら2個は成らせる，と判断がつく

（芽をはずして葉を数えてみると，だいたい枝の太さと長さに比例して着いていることがわかる。枝の太さと長さで何個成らせられるか判断するのに役立つ）

比」の考え方が用いられている。平均すると早生ミカンでは二〇枚〜二五枚に一果。普通温州で、二五枚〜三〇枚に一果が標準である（もちろん着果部位によって変わる）。

しかし、この葉果比が現場ではなかなかわかりにくい。樹を見て「この樹は、何枚葉っぱがあるので何個成らそう」とは簡単にいかない。

何年ミカンをつくっても、判断に迷うところである。

◇箸の太さの母枝なら一〜二果

そこでわたしは、葉数は枝の直径と比例しているだろうと考え、枝別にその枚数を数えてみた。といっても、あまり大きな単位でやっても実際的ではない。一目で見て何枚とわかる程度の、箸の太さぐらい（六〜七ミリ）の母枝を選んで調べてみた（写真35）。

だいたい四〇枚前後である。これなら一枝二個は成らすことができる。枝が長かったり、七ミリに近い太さだったら六〇〜七〇枚前後はあるので、三〜四個成らせられることがつかめた。

そしてこの方法だと枝単位で個数が決められ、樹全体で何個、と考えなくてもいいので判断がくるわない。また周囲に成っていない枝があれば、よけいにその枝に着けるという判断も容易で、摘果がとても早く確実になった。

太さ六〜七ミリの母枝は、切り上げせん定にするとよくできることは、先にも述べた。そして、摘果は母枝単位にすると早くなる。つまり切り上げせん定することで、摘果を的確に、うまいミカンづくりに取り組みやすくなるのである。

3 小力の仕上げ摘果、樹上選別

わたしは経営者感覚で農業を行ないたいと思っている。つまり、全部の園地でいつも等しく儲けようとは思っていない。現在もっている労力では無理があるためだ。

逆に、儲かる品種や園地は最優先して仕事をしている。

摘果一つとっても早くから取り組む園地もあれば、八月三十日になって初めて取りかかる園地もある。

早く取り組むのは儲かる園地や品種であり、また乾燥しやすいところ。遅く取り組むのは、乾燥しにくい園地や儲けの低い品種や園地などである（年によって違うことがある）。

仕上げ摘果の方法も、以下のように仕分けている。

▼順調にきている樹では

枝単位に摘果する果実を見ていくのは前節で述べたとおりだが、どの程度落とすかは、一方で天候とにらめっこで決める。

たとえば今、直径六〜七ミリの枝に五個成っている、とする（写真36、以下すべて荒もぎ摘果後で、という意味）。干ばつ状態が続けば、二個落として三個とするが、もし雨が多い年なら一個落とし四個残して、肥大を調整するという具合にである。もっと干ばつが続けば樹上選果でもう一個落とし、二個とする（写真37）。

また、肥大が順調かどうかを摘果サイザーで測り、それで落とす量を決める方法もある。

写真36　干ばつ状態が続けば2個落とすが，雨が多いときは1個だけにして，肥大を調整する

写真37　樹上選果でもう1個落とし，2個にした果実

大玉果をつくると味が悪くなるし、浮き皮果が出やすい。最後の調整はとくに大事。あとは、内成り果と裾成り果を見落とさないよう再チェックする。

▼遅れている樹では

これは理屈抜きで、できるだけ早く樹から落とすことを考える。そのためわたしは枝ごと果実を落としている。

ふつうはせん定バサミで枝を切り落とすが、切ってそのあと摘果しようと思うとハサミが邪魔である。結局、ハサミはケースにしまい込むことになるが、その手間、時間が面倒でロスになる。そこで枝ごと手でむしり取る方法を考えたわけだ。これならハサミをもちながらやるような面倒がない。

ミカンの枝は樹の中心部へ向けてかくと裂けやすい。径二センチくらいの側枝でも簡単に取れてしまう（写真38）。傷口のゆ合も、切り残しの枝を残さないので実にスムーズである。

こういった方法で枝ごと果実を落とすと、摘果のスピードが五倍は早くなる。

▼それでも遅れる場合は

それでも遅れる場合は、どこを犠牲にするかだが、それは果実をどこに出荷するかによって違ってくる。

わたしはJAに出荷しているので、外観も大事にしないとならない。そこで外成りから手を着ける。主力となる外成りの果実を助けるためだ。内成り

写真38　処理スピード5倍の枝ごと摘果
枝を中心部に向けて引きさくと分岐部からきれいにとれる。切り口がギザギザになってもきれいにゆ合する

や裾成りは残るので全体の肥大は悪いが、外成り果に手を着けないでいるよりはましだと思っている。

　それで残った果実は樹上放棄する。来年成らしたい枝の周囲にさえ果実を残さなければ、連年結果にも支障はあまりない。

　ただ樹上放棄といっても、完熟すれば売れる商品にできる。年明け一月の完熟早生ミカンは売り方によって面白い価格が取れ、最近はこうしたミカンを欲しいというお客さんも増えてきている。この方法は収穫労力の分散にもなる。

　一方、個人出荷している人で、販売先があまり外観や小玉を気にしないのであれば、内成りや裾成りを先に摘果する。こうしておけば、糖度の高い果実だけが残ることになる。あとは、時間が許すだけ外成り果を摘果すればよく、最悪の事態はまぬがれる。

経営感覚で技術は駆使することだと思う。

従来の技術はとかく労力がしっかりある場合を想定しているため、それを鵜呑みにしていると作業が遅れてしまうことがある。

V

下からの樹づくり ナギナタガヤ草生栽培

雑草を抑え，有機物を補給し，微生物の働きを活性化するナギナタガヤ草生

1 除草はどうしても必要か?

ミカン園では、一般に清耕栽培が主流である。ここ西宇和管内でも、ほとんどが清耕栽培である。

わが家もわたしが小さい頃から三本グワで土を起こし、草の生えている側を裏返しては埋め戻し、中耕と除草を兼ねて草退治をしていた。その後は、草は一本一本手で抜く。昔は人の手があったからそれでもよかったのだと思う。しかし、幼心にも単純作業はどうしても好きになれなかった。

自分でミカンをつくり始めていちばん困ったのも、雑草対策だった。ちょっと目を離すと一気に伸びてくる。除草剤を使えばいいとはいえ、三回も四回も散布しなければならない。その労力、経費を思うと何とも憂鬱だし、それ以上に消費者に喜ばれないだろうと思った。

草はどうしたって取らないとだめか。ほんとに、除草って必要なの？　思いはそんなふうに飛躍した。

じつは、除草の必要など全然なかったのである。

2 春先の草は開花を遅らせる……は、誤解

話は昭和五十四年にさかのぼる。当時、農協の指導員が、「春草を生やすと地温が下がり、開花が遅れる」というようなことをいった。早速試してみた。

一つの園地を半分に区切り、片方は除草剤を使い、もう一方は雑草を生やすという単純なものだが、何も開花に差は生じなかった。

もちろん一回では確信はもてない。二年目も挑戦した。だがやはり変わらない。地温を調べると、たしかに雑草の生えているほうが低いは低いのである。疑問は残ったが、雑草と開花の早晩は関係なし、とみた。三年目も試して、絶対の自信がもてた。

ところで古い専門書を見ると、必ずといっていいほど「土壌管理法は草生栽培か敷き草法がよい」と書かれている。清耕栽培がよい、というのは少ない。にもかかわらず、清耕栽培がずっと一般的だったのはなぜだろう。思うに、草を生やすのは駄農と篤農家が嫌ったからではないだろうか。みな、そうは思われたくないので、せっせと草を取った。そうしない人を、「種が飛ん

表2　春草の有無と地温（深さ10cm，℃）

	半旬	4月 5	4月 6	5月 1	5月 2	5月 3	5月 4	5月 5	5月 6
最高地温	ナギナタガヤ	12.2	14.3	14.6	16.3	18.6	17.8	18.0	22.7
	裸地	14.3	16.4	17.3	18.4	20.6	19.2	19.8	21.6
最低地温	ナギナタガヤ	10.9	13.0	14.6	14.9	16.9	15.8	15.5	17.5
	裸地	9.9	13.8	15.8	15.3	17.9	16.5	16.6	19.6

表３　春草の有無と樹冠内温度（℃）　（昭和57）

	地上	半旬	4月 5	4月 6	5月 1	5月 2	5月 3	5月 4	5月 5	5月 6
最高温度（℃）	25cm	草生	22.1	24.4	22.9	25.9	28.8	27.7	29.0	27.7
		裸地	25.7	27.4	24.5	29.1	30.0	31.1	34.8	32.8
	50cm	草生	23.3	25.7	23.3	27.0	27.7	27.7	28.4	28.8
		裸地	25.1	26.2	24.4	27.2	27.7	30.5	34.4	31.5
	100cm	草生	23.4	25.4	23.8	27.7	27.3	28.8	33.4	31.7
		裸地	23.2	25.8	23.7	26.4	29.4	28.7	31.6	30.1
最低温度（℃）	25cm	草生	6.6	11.6	12.5	10.0	12.8	10.6	9.4	15.2
		裸地	7.1	12.5	12.8	13.3	13.4	10.8	9.8	15.5
	50cm	草生	6.9	12.3	13.0	10.3	13.4	10.9	10.1	15.6
		裸地	7.0	12.6	13.3	11.3	14.1	11.4	9.8	15.6
	100cm	草生	7.1	12.9	12.9	11.1	13.5	11.3	9.5	15.5
		裸地	7.0	12.4	12.6	11.2	13.9	11.2	9.4	15.5

表4　土壌管理とミカンの発育

区名＼調査項目	萌芽期（月・日）	開花始期（月・日）	開花盛期（月・日）	2分着色期（月・日）	8分着色期（月・日）	果実中 糖（%）	果実中 クエン酸（%）	果実中 甘味比
ナギナタガヤ草生区	4.11	5.13	5.17	10.12	10.27	11.7	1.05	11.1
裸地区	4.11	5.12	5.17	10.11	10.26	11.6	1.03	11.3

（渡辺）

ナギナタガヤ草生区のほうがたしかに春先の地温は低い（表2，3）。だが，開花期の早晩はもちろん，生育に差はない

できてうちの園に草が生えて困る」といって嫌いもした。嫌われるのもいや、迷惑もかけたくない。そんな心理のアヤが、畑から草を徹底的に除く理由になっていたのではないかと思っている。

わたしの祖父も草を嫌い、「篤農家は草を見ずして草を取り、駄農は草を見て草を取る」といっていた。ミカンを穫り終わると山に行き、クヌギやマツの落ち葉を集めてきて、畑に敷くようなこともよくしていた。雑草抑えのマルチがわりである。

だが、そんな落ち葉のマルチを七〜八センチも園に敷きこんで、地温は下がらなかったのか。開花が遅れたということは聞いたことがなかった。

また、今もみなあまり気が付かないようだが、開花期防除は一斉にやっている。草の生えている園地の開花が遅れて防除をずらした、という経験は思いあたらない。草生だろうと清耕だろうと、現実にはたいがい一緒に咲くので、おのずと防除時期も一緒になっているのではないか。

草を生やすと、ミカンの開花は遅れるというのはやはりおかしい。

◇草生栽培の〝得失点差〟は絶対プラス

本当はミカンの開花は、地温より気温の影響が大きい。草生園と清耕の園を較べると草の生えているほうが地温が上がらないのは事実だが、それと開花の早晩とは関係ないのである。

また、草生について、「春草が伸びれば大切な肥料分を横取りされる」「害虫の潜伏場所になる」などの議論もあるが、開花の問題と同様、本当にそうかどうか、そうだとしても、それでどれだけの影響があるのかは調べてみる必要があると思っている。仮に、マイナスがあったとしても、わたしは草生によるプラスとの得失点差をはかってみることが大事なのだと、この頃考えている。

そして、ナギナタガヤという草に出合ってからは、はっきり草生のほうが大きくプラスだという思いになっている。

3 草を抑え、土と根を育てる草ナギナタガヤ

◇堆肥二〇トン分の草

ナギナタガヤを見つけたのは、除草剤を減らすため、何か自然に枯れて雑

写真39　自然の堆肥と化している
ナギナタガヤ

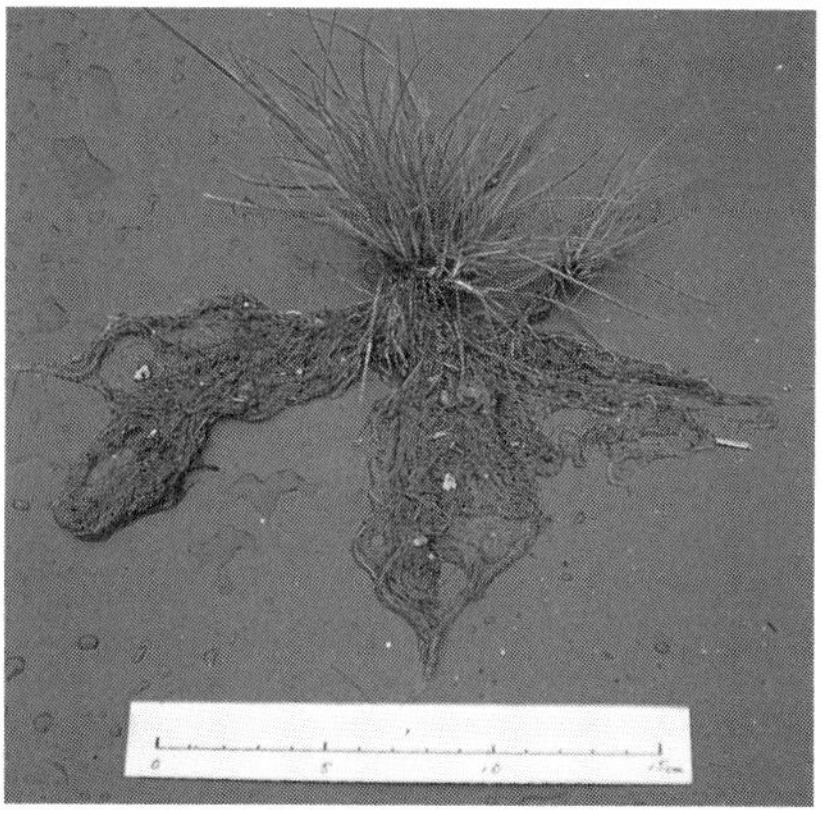
ナギナタガヤの根

草を抑える草はないか、と探していたときだった。
六～七月頃に枯れる草には、ハコベ、ウマゴヤシ、カラスノエンドウ、ヤエムグラ、などいろいろあったが、わが家の一号園で、五月頃になると穂が出て倒れる草に出合った。
風が吹くとそよそよ揺れて、とてもきれいなので写真にも撮った。この草が六月から七月にかけて、きれいに枯れるのであった。枯れて、しかも種を多く落とすので、よく繁殖する。悪条件に強そうなので、これは使えそうだと思った。
しかしさらにびっくりしたのは、その園地で以前から（二五年ほど前）生えていたと思われるところを掘ってからである。厚さ二センチの堆肥の層ができ（写真39）、ミカンの細根がびっしりその中に入り込んでいる。これだけの堆肥を入れようとしたら一〇アール二〇トンは下らない。買えば数十万円分にもなる量だ。いや、金額以上に、これだけの量を散布する労力が並たいていでない。それをこの草は、自分で倒れて枯れて積み重なり腐植となってくれている。自然の力はすごい。すごい草だな、と思った。

名前は岡山大学の榎本先生により、ナギナタガヤというのだとわかった。一年草で、各地に広く伝わる帰化植物だという。しかも一部では昔からすでに草生栽培の草種として実績を残していたこともわかった。

これは使えると確信を持った。

◇微生物を活かし、減肥を可能にする草

山の土は中耕も何もしないのに肥えている。自然の落ち葉が堆積し、それに微生物の力が加わり、土が肥えるのだろう。

以前、発表された愛媛大学農学部の門屋一臣先生の説によると、完熟堆肥を施用するとＶＡ菌根菌という微生物の活性が高まり、カラタチの根によく感染してミカン樹の生育促進、水分ストレスや病害に対する抵抗性の増大、果実品質の向上につながる、という。しかし未熟堆肥では逆にＶＡ菌根菌の活性は阻害され、カラタチの根も発根しなくなる。堆肥の発するエチレン濃度が関係しているらしく、高くなりすぎるとだめだそうだ（〇・〇五ｐｐｍ前後がよい）。

ところでＶＡ菌根菌は特定の雑草によく共生して、春草では、スイバ、カモジグサ、ハコベ、クサフジ、ウマゴヤシ、ホトケノザなどの根に感染率が高く、スズメノカタビラ、ヨモギ、ヤブカラシ、ヒルガオなどは感染率が低いことがわかっている（夏草でも調査済み）。となると、完熟かどうかよくわからない半分未熟のような堆肥を一所懸命やるより、ある種の草の利用をもっと真剣に考えたほうが得策ということがいえる。

しかもこの菌の菌糸は、インターネットにも似た巨大かつ緻密なネット網まで形成してしまう。

そこでは、養分の吸収、移動が思っている以上に広い範囲でなされることも考えられる。

小さい頃から、海岸線の土のない岩肌にどうしてマツが育つのか不思議だと思っていたが、これにもＶＡ菌根菌が関わっていたと聞けば、納得もできる。岩肌の小さなすき間から菌糸を三メートルも四メートルも差し込んで必要な養分を得ている、ということだ。まさに土のなかの光ファイバーという感じがする。

ナギナタガヤ草生の先輩

現在では各地で広がるナギナタガヤの草生だが、愛媛県では中島町で岡野勲さんが六年前から取り組み始めている。岡野さんの友人が二〇年前から取り組み、好成績をあげているのを見て思い立ったとのことだった。視察させてもらったことがあるが、それはみごとな伊予柑園であった。

しかし、広島県ではその先達ともいうべき農家が何人もいる。向島町で栗原一光さんが二〇年くらい前から実施し、今でも二ヘクタールの園地で続けている。豊浜町では戦後から北東幹之助さんという方が広めていたが、息子さんの代になって途絶えた（近年また復活とのこと）。かの地ではそのために〝幹草（みきぐさ）〟とナギナタガヤを呼んでいたそうだ。同町では現在、この北東さんから草を譲り受けていた方の園地にナギナタガヤは息づいている。またミカン以外でも福山市のカキ生産者が、一ヘクタールの園地を全部ナギナタガヤにしていた。

ほかにも何人かいらっしゃるのだろうと思う。そうした方も含めた先達のおかげで現在の広がりもある。今でも『現代農業』（農文協）を通して続々ふえているようだ。

写真40　ナギナタガヤ草生の一年

気温12℃を超えるころから一気に伸び出す

5月半ば過ぎ，穂を着けながら倒れる

だんだん枯れて黄色くなる。種をとるならこのときに

7月になると完全に枯れ，夏草を抑える

ナギナタガヤの繊維はしっかりしている

そしてじつはナギナタガヤなどイネ科の草にもＶＡ菌根菌はよく感染し、増殖する傾向があるのだ。ミカンの根（正確には台木カラタチの根）があれば、これを活性化させることになる。大きな根圏ネットワークによって広い範囲で養分のやり取りを行なう可能性も大いにある。

従来、草生栽培は養水分の競合が起きるからよくないといわれてきたが、ナギナタガヤなら減肥さえ考えられるわけだ。

京都府立大学の石井孝昭先生のデータでは、土壌中にリン酸が多いと（リン酸イオン濃度で五〇ｐｐｍ以上）、ミカンの根でのＶＡ菌根菌の形成が阻害されるが、逆に、「勝山イヨカン園においてリン施用量を徐々に減らし、ＶＡＭ形成を高めたところ、樹体生長には悪影響が見られず、むしろ果汁の糖酸比が高まったり、果色が赤みを増すなど、果実品質が良好となる傾向がみられた」という（『現代農業』一九九九年一月号）。

ナギナタガヤには従来の草にない秘められた可能性がある。

◇自分で倒れて、草を抑える草

ナギナタガヤVulpia myuros（L.）C.C.Gmel.あるいはFestuca myuros L.は、ヨーロッパから西アジアの原産といわれるイネの帰化植物で、日本にはすでに明治初期に入っている。本州、四国、九州に広く分布し、土地によって「ねずみのしっぽ」「しっぽがや」とも呼ばれている（牧野富太郎『植物図鑑』他）。けっこう、身近な植物だったのだ。ヨーロッパでは春の牧草として栽培されることもあるという。

四国辺りでは九〜十月に発芽し、翌年三月から四月にかけて生長が旺盛になる。六月頃になると枯れ始め、株元から自然に倒れ、地表面を覆う特性をもっている。

花期は五〜七月。採種時期は、ふつう六月中・下旬から七月上旬だ。

わたしのところでは、ナギナタガヤは四月頃、気温が一二度を超えるぐらいから一気に伸びてきて、五月の半ばになると、穂を着けながら倒れていく。その後、六月半ばから七月にかけて完全に枯れてしまう（写真40）。

わたしがその堆肥に勝るとも劣らない力以上にナギナタガヤを買っているのがここで、つまり、従来の草生栽培のように草を刈ったり、敷いたりの管理が要らないというのがすばらしい。

そのうえ、ほかの草の繁茂を抑えてくれる。春草はほとんど抑えるし、夏草まで抑制する（ほかの植物の生長そのものを抑制する、いわゆるアレロパシーも示唆されている）。その手間いらずの楽が、わたしの省力農業にピッタリだった。

また草が上へ伸びず、しなだれるので、栽培上の支障も少ない。果樹の省力草生栽培にはうってつけの草だったのだ。

4 ナギナタガヤ草生の実際

◇播種は九月上旬、一アール一〇〇グラム程度

播種は、九月上旬〜十月下旬が適期だが、できるだけ早いほうが翌年種が多く取れる。九月上旬をお勧めする。

もちろん、水分の多い畑や八月に雨が多ければ八月下旬に、また暖かいところでは十一月上旬の播種でもよい。

播種は素手で播いたほうが均一になる。量は一アール一〇〇グラムぐらいあるとよく、一五〇〜二〇〇グラム播くとなおよい（九六、九七ページ囲み参照）。

発芽を確かなものとするには、雨の降る前日に播種するとよい。乾燥していると、やはり発芽はもう一つだ。水分不足で失敗するケースが多いので必ず雨の前日播種することを基本とする。自家採取した場合は、穂ごとふって種を落とす。

◇一年目の雑草退治が大事

ナギナタガヤの草生栽培を順調にスタートさせるには、一年目の春、他の草に負けないようにすることが大事だ。

わが家の農園でよく見られるのは、イヌムギ、ヤブジラミ、ヤエムグラ、カラスノエンドウ、ハコベ、ホトケノザだが、これらは低温で生育して、ほうっておくとナギナタガヤを覆いつくしてしまう。

とくに、イヌムギ、ヤブジラミは徹底して退治している。それ以外は目くじらを立てる必要はないが、できるだけ早くナギナタガヤを全園に繁茂させようとしたら（またそのほうがあとあと楽だが）、ナギナタガヤより大きくなる春草は、退治したほうがよい。

その際、除草剤を使う場合はラウンドアップが最適である。ランドマスターを使えばスポット処理も容易で、薬液量が少ないので仮にナギナタガヤにかかっても、被害は少ない。

時期は、ある程度生育して、ナギナタガヤを覆うくらいになってから散布するとよい。ナギナタガヤの管理は一年目が肝心で、きちっとナギナタガヤを優先させてやれば二年目からはあまり手をかけなくてもよくなる。とくに、雑草の種を落とさないことが大事だ。

なお、有機栽培で除草剤は使いたくない、という場合は、手取りするほかない。イヌムギ、ヤブジラミなどよく根を張っているので、時期が遅いとナギナタガヤも一緒に抜けてしまう。とくに、このごろのように暖冬で雨が適度にあるとイヌムギなどよく伸びるので、生育初期から抜かないと間に合わなくなる。といって、それもなかなか難しいが、一月に一回目、その後月に一回のペースというのが現実的な対応かもしれない。

◇硫安を一俵余計に施用する

初めてナギナタガヤの草生をする園

①刈り取る時期が早過ぎると種がとりにくいし，遅過ぎると種が園地に落ちてしまう

種の取り方、増やし方

ナギナタガヤの種は、全体が倒伏し、茶色く枯れきってしまう前に穂を刈り、採取する。早く伸びたのが枯れて茶色くなり、遅いのがまだ若く、緑色を残している状態、ちょうど茶色に緑が混ざった感じの頃が適期だ（①の写真）。完全に枯れて茶色くなってしまうと発芽率が落ちる。ほとんど発芽しないこともあるので注意。

刈り取りは、刈り払い機が使えれば便利だが、倒れているのでそうもいかず、ノコ鎌を使っている。ミカンのコンテナに詰めて持ち出し、一定量になったらポリシートの上に広げて乾かす（コンテナ一杯で三〇〇グラムぐらいの種が取れる）。乾燥させないと腐るからだ。

わたしの場合は、広い場所がないのでミカン貯蔵庫の棚を使って乾かしている（写真②）。棚の上にシートを広げ、刈り取った穂をのせる。厚く重ねると蒸れるので、薄く敷くこと。一カ月もすればきれいに乾き、二カ月もおくと、種も穂から取り出しやすくなる。そのまま播種直前まで置いたこともある。

②乾燥はミカン貯蔵庫で

③種とりが終わったあとの穂も無駄にしない

よく乾けば、種は振るうだけでも落ちるが、茎や穂が混ざって最後に篩が必要になる。そこで「昔、キビを作っていたころ、洗濯板の上でこすっていた」という話を聞き、試してみたらすごく具合がよい。昔の人の知恵に感謝。なお、種取りの作業は素手がよい。軍手などをすると種が付く。そして取れた種はポリ袋などに五〇グラムずつ小分けしておくと便利だ。残った穂や茎にも種は付いている。そのまま畑に播けば（写真③）発芽する。だめ押しのプラスアルファになるので、捨ててしまわないこと。

では、春先に硫安を一俵余分に施用するとよい。これでナギナタガヤの生育もよくなる。早く地表を被わせることができる。

結実期に入って「硫安の単肥はどうも……」という方は、春肥を二〜三割程度増やすだけでよい。

ナギナタガヤは、発芽して生長したあと五〜六月にかけていったんは完全に枯れてしまう。そのあと秋までは生えてこない。ミカンの生育期間中はチッソや水の競合がほとんど起きない草である。

それに、チッソの遅効きもない。ほかの草種、ハコベやカラスノエンドウなどは枯れてその年のうちに分解して繊維がなくなり、収穫期にチッソが効いてくることがある。これに対し、ナギナタガヤは繊維質の分解に一年半から二年くらいかかる。養分循環のサイクルが非常にゆっくりしている。まことにありがたい草である。

硫安一俵の増施は、ナギナタガヤ草生の初年度の生育を助けるための肥料だと思ってよい。

◇ペレット状の肥料がオススメ

わが家のように何年も継続してナギナタガヤを生やしていれば、特別に増施は考えなくてよい。わたしの場合施肥はミカンがいちばん肥料を吸収する五月の夏肥を中心に施用しており、年間チッソは一〇〜一二キロ程度の施用ですんでいる。

肥料も化成の多い三割有機の肥料である。有機物はナギナタガヤが供給してくれるので、あまり有機にはこだわらない。一回目は五月の下旬で、チッソ成分で五〜七キロ施用し、二回目は九月下旬、成分で五キロほどやっている。サンパーという背負式の散布機でナギナタガヤの上からまいている。

草生栽培をやりたいし、ナギナタガヤにも関心があるが、使っている肥料は有機主体で、これだと中耕して土に混和してやらないとカラスなど鳥が食べに来て、困る。それでどうも草生が難しいのだが、という話を聞くが、わたしのように有機率の低いペレット状の肥料に変えればよい。

以上のように、ナギナタガヤの管理は一年目に少し気をつけておけば後はあまり気にしなくてよい。

5 タイベック片側マルチとの相乗効果

わが家のナギナタガヤが生えそろっ

写真41　ナギナタガヤ草生＋タイベック片側マルチ
タイベックは法面側に幅1m敷くだけ。適度の乾燥なので酸もきつくなく，花芽分化しやすい。そのため，収穫が遅れても連年結果している。現在，わたしのこの園地はつくり出して7年連続して成っている

ている園地では、平成六年度では糖度・ブリックスで一五％、七年度一四％、八年度の糖度が低かった年でも楽に一三％になった。

もともと西日が当たる、日あたりのよい園地なので、糖度が上がると信じていたが、それだけではなかった。大雨が降った日に、その園地にいってナギナタガヤの堆肥の下を掘ってみると土が濡れていない。つまり、ナギナタガヤの敷草が、雨水を防ぐショックアブソーバーの役目をしている。

ミカンの糖度は、秋、雨が降らないと一〇日で一％くらいは上がる。しかし逆に二〇～三〇ミリの雨が降ると、すぐに下がってしまう。せっかく貯めた糖度の貯金もいっぺんの雨でなくなってしまうことがある。そこで最近は多孔質フィルム（商品名・タイベック）のマルチを八月下旬～九月上旬頃から敷いて、雨水をコントロールしている

が、これの全面被覆ともなると、経費も手間も大変で、しかも酸高の問題も発生している。

ならば、ナギナタガヤマルチの積極的な活用はどうだろうか。

いまわたしが取り組んで成果をあげているのが、ナギナタガヤ草生とタイベック片側マルチとの組み合わせである。

◇マルチは片側でも効果あり

ミカンの糖度を上げるためにタイベックマルチを敷くのであれば、水を一滴も入れてはならない、との考えから全面被覆でないとダメといわれる。しかも水が滲み込まないように、ミカンの株元まできれいに敷くように指導している。

だが、本当にそこまでしなければならないのか。わたしは、「ノー」とは言わないが、「イエス」とも言えない。なぜならマルチは片側でも効果あり、なのだ。

わたしは、マルチは全面に敷いていない。樹冠下の法面側を幅一メートル被覆するだけである（写真41）。

これは片側に敷くだけでもマルチの効果は十分にある、という事実に出くわしたからだ。以前、二日間で雨が一〇〇ミリも降ったときがあり、法面側（傾斜の海側）のタイベックを剥いでみたことがある。見るとその下はまるで乾いていて、全然濡れていない。何も敷いていない山側のほうはもちろんびちゃびちゃだったから、これにはびっくりしてしまった。雨水は当然、山側から法面側に滲みていくのだろうと思っていたのが、事実は、そうではなかったのだ。

この発見から、片側だけでも大丈夫という自信を得た。以後、わたしはタイベックを法面側、幅一メートルしか敷いていないが、秋雨があって全体的に味が今一歩だった年でも十分に一三度ミカンは穫れている。

もちろん全面のマルチよりは乾燥する度合いは違う。そのぶん、糖度の上昇は劣るが、逆に、酸はあまり上がらない。この性質をうまく利用して、面白い使い方ができそうだ。

◇ナギナタガヤとの組み合わせ効果

片側タイベックの被覆は、満開後六〇〜八〇日に水分ストレスを与えるための逆算を行なって時期を決める。目安としては、

乾きにくい平坦地：六月十日頃から

普通の園地：六月二十五日頃から

乾きやすい園地：七月五日頃から

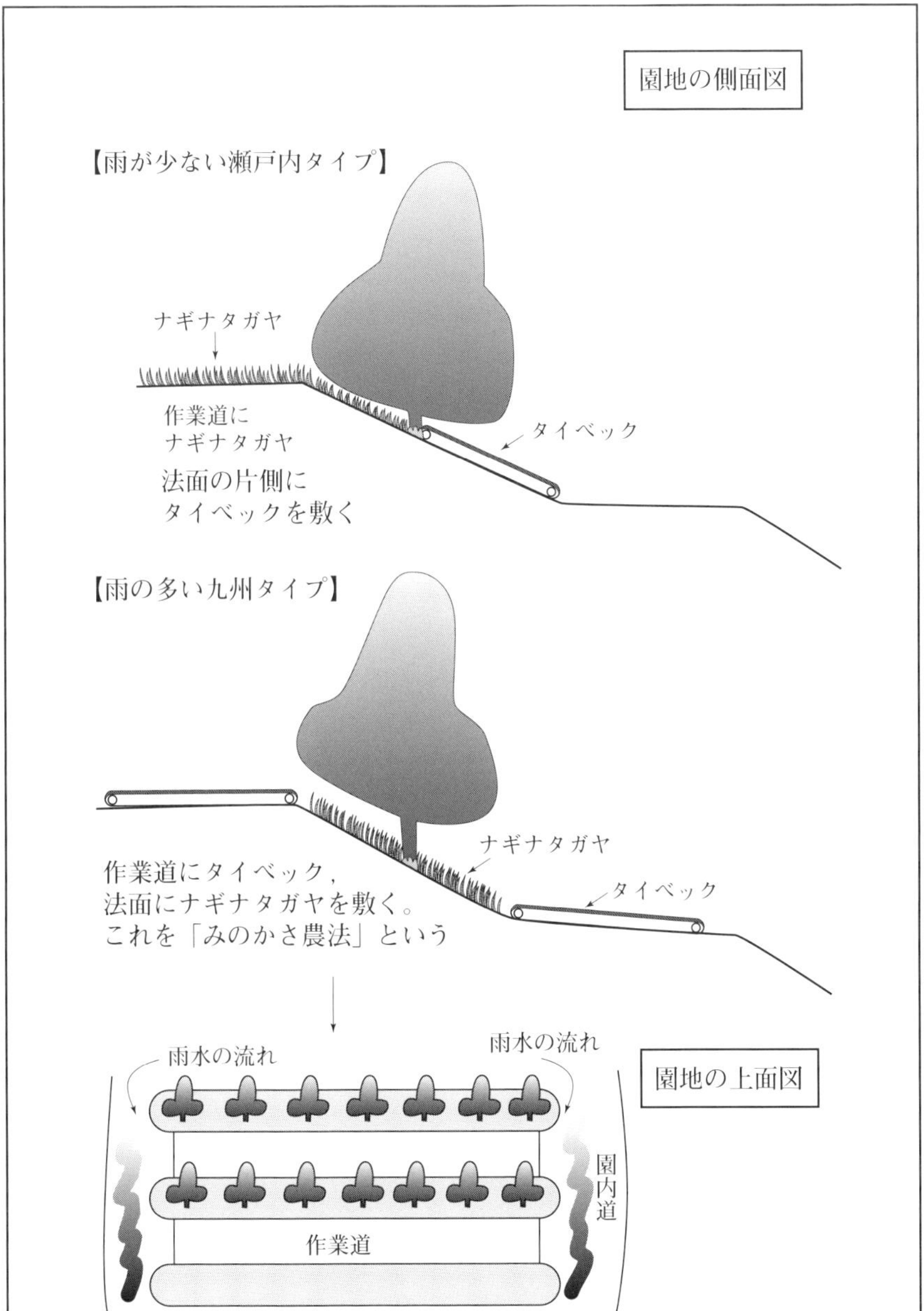
園地の側面図
【雨が少ない瀬戸内タイプ】
ナギナタガヤ
作業道に
ナギナタガヤ
法面の片側に
タイベックを敷く
タイベック
【雨の多い九州タイプ】
ナギナタガヤ
作業道にタイベック，
法面にナギナタガヤを敷く。
これを「みのかさ農法」という
タイベック
雨水の流れ
雨水の流れ
園地の上面図
園内道
作業道

図14　タイベックとナギナタガヤの使い方

である（全面被覆の場合は、これより一〇日ほど遅れる）。

糖度の目標を高く設定しているなら、もう少し早くから取り組むが、その場合は点滴かん水などをやって生育を調整する必要がある。

もちろん、ナギナタガヤの上にタイベックを敷けばそれにこしたことはない。これなら露地に片側被覆した以上の効果が期待できる。

さらに、タイベックマルチをした場合、堆肥の施用が必要条件になるが、ナギナタガヤで園地を被覆していれば自然の堆肥がその場で自給できる。ナギナタガヤマルチなら堆肥は要らないので、一挙両得となる。

最近では、雨の多い九州地帯と雨の少ない瀬戸内用とで使い分ける事例がふえてきた（図14）。雨水をナギナタガヤで遮断するとともに、素早く園外に流すのである。これを「みのかさ農法」と呼んでいる。

ミカンの花が咲いた頃から、「今年は大豊作だ、秋はひどいことになる」と売ってもいないのに嘆く人がいる。これでは、仲買いから足元を見られてしまう。

豊作年でもナギナタガヤやタイベックマルチを上手に活かしてうまいミカンをつくり、消費者をアッと驚かしたいものだ。もう、お天気まかせでミカンをつくる時代はとっくに終わっているのだ。

①少ない水でかん水できる点滴チューブ（商品名：ラム17D）
タンク（古酒樽を活用。次ページの写真②）を高いところに置き，その落差（5m）で均一にかん水している。表面流水がないので，ホースかん水より5～7倍の効果があるといわれる

糖度計は八月から必需品

ミカンの味を上げるには、いつ畑を乾かしたらいいか、どれくらい乾かしたらよいか、ということがよく議論される。

わたしは、満開後六〇～八〇日、七月下旬～八月上旬の液胞発達期に乾かし、ここで糖度九度までもっていけば、秋に多少雨が降っても、糖度一二度くらいは上げられると思っている。

ハウスではこの時期に八度の設定だが、露地ではその後の天候次第で思ったほど上がらない場合がある。

収穫時に糖度一二度を予定するなら、この時期は最低でも九度は必要となってくる。それを、九・五度までしぼると水分ストレスがかかり過ぎ、葉が巻き始め、過乾燥気味になる。こうなると、糖度は上がるが酸も高くなり、収量も上がらない。

かん水の目安は、糖度が九度になった時点で一〇アール当たり二〇～三〇ミリだが、雨が降ればかん水はいらない。時期的には、満開から八〇日目の八月十日頃である。

なお、かん水は葉の萎れだけで判

断するると間違いやすい。土壌水分の多い園地のミカンは乾燥に敏感で、ちょっと乾いただけでも葉が萎れることがあるからだ。糖度が上がってなくても、根が乾燥に弱いため、少しの乾燥で根が萎れる。

そこでわたしは糖度をこまめに測ることにしている。そうすれば葉が萎れた場合でも、かん水方法を変えることで対処できる。

たとえば、糖度は七度台なのに葉が萎れてきたという場合は、葉水を毎日散布し、三日に一回、五ミリのかん水を行なう。八度台で萎れてきたら、二日に一回の葉水とし、五日に一回五ミリのかん水を行なう、という具合である。九度になったら、即かん水が必要である。この水のかけひきが、酸のキレをよくするのである（写真①、②）。

わたしは八月上旬になると、糖度計を持って園地をうろうろする。せん定バサミと同様、糖度計はわたしの必需品になっている。

②古酒樽をかん水用のタンクに
昨年からは，肥料の「千代田化成」を700倍になるように入れ，かん水＋施肥でも使用。蒸散が少ないので，施肥量はチッソ換算で10a5kg程度だ（わが園地は古生層。花崗岩地帯では7～8kg程度は必要と思われる）

VI

品種更新と大苗づくり

——やっぱり〝切り上げせん定〟で

多数発生する芽は，芽かきをして一本にする

これまでは三〇年サイクルで品種が動いてきたが、これからは七年周期ぐらいで動いていくのでないかと思っている。そうなると高接ぎだけでは台木不足で間に合わず、苗木での更新が必至である。ただその場合、気になるのが未収益期間をどうするか、である。

わたしのやり方は、切り上げせん定の考え方と同様、勢いを上にもっていくもので、四年で早期成園化が可能になる。

1 苗木を伸ばすのは肥料ではない

せん定の項で何度も述べたが、樹の生育を支配するのは、チッソでもリン酸でもカリでもない。植物ホルモンである。苗木を育成する場合でも、この植物が本来もっているホルモンをいかに活かした管理ができるかがポイントである。

◇植付け一カ月前の準備

園地でじかに養成していく場合、最低でも植付けの一カ月前から植え穴に完熟堆肥と苦土石灰、熔リンを入れておく。量は、苗木一本当たり堆肥が一〇〜一三キロ、苦土石灰が一〇〇〜一三〇グラム、熔リンが四〇〜六〇グラム。

育苗床で一年育苗する場合は、一アール当たりに堆肥二〇〇キロ、苦土石灰二〇キロ、熔リンを六キロ施用して準備する。なお、完熟堆肥と表示しているものでも、なかにはけっこう未熟なものも売られている。そんなのを、せっかく買ったのだからと使ってはいけない。未熟なものはやらないほうがまだよい。

さて、その他、植付けの際に必要なものとしては、

ア、支柱

苗木を支えるためと、結実期に入ってからの誘引用に必要だ。

直径一九ミリ以上で二・五メートル程度のもの。五・五メートルの鉄パイプの規格品なら二つに切れば、二・七五メートルでちょうどよい。手間がある人は、初めは細い支柱で済ませ、結実期に入って鉄パイプに切り替えてもよい。

イ、誘引用の結束ヒモ

麻でできたヒモがよい。コンバインで使うジュートヒモが安くて便利。

ウ、黒ポリシート

苗木を植付けてから、雑草抑えと水分保持に絶対要る。これがあるとないとでは生育が倍近く違う。厚さは〇・

○三ミリ以上あればよい。

◇植付けまでの苗木の管理

苗木は水揚げをよくするために一昼夜水に浸けておく。すぐに植えられないときは、河を堰き止めて浸けておいてもよい。大事なのは、根を腐らせないように流水状態にしておくことだ。

一週間以上植えられない場合は、ネギを植えるように斜めに寝かせて土をかぶせ、乾燥しないように仮植えしておく。このとき土が湿っていても必ずかん水する。かん水しないと、土と根の間に隙間ができて衰弱する。

わたしの場合、土日しか作業ができず、一カ月も河の中に苗木を浸けておいたことがある。お勧めできるものではないが、やむを得ないときもある。そのときは苗木は遮光しておくことが絶対必要である。

2 大苗育成の実際

苗木を長いまま植付けると、亜主枝の位置が高くなる。骨格づくりのためにも、先端部はせん除し、地上高を五〇～六〇センチに揃えておく。

また、苗木の根は掘り取りの際や輸送中に傷んでいるので、三分の一ほど切り取ってから植える。とくに太い根は、切ることで新しい細根が発生するので効果的である。

植付けてから苗木は沈むので必ず盛り土とする。盛る土の高さは、掘った穴の深さに対して三分の一程度。五〇センチ掘ったら一六～一七センチの高さに盛り上げる。

植付けには苗木の根が絡まないように広げて、盛り土の上に置く。根が重ならないように、土を入れては根、その上に土、また根というようにサンドイッチ状にして乾燥を防ぐ。

わたしは、時間がないのでスコップを地面に刺して前後にゆらし、空いた隙間に苗木を突き刺して植える、というようなこともする。

仕上げはかん水である。いくら土が湿っていても、雨が降っていない限りは必ずかん水して、土と根をなじませる。右の〝スコップ突き刺し方式〟の手抜き植付けでも、かん水は手抜きできない。

最後に、支柱と苗木を麻ヒモで二か所、地際と上部で結束する。手間のないときは苗木の真ん中あたり一か所でもよい（写真42）。

写真42　苗木は必ず支柱に結束する

◇芽かき、誘引、黒ポリシート
——苗木育成の三種の神器

有機質四〇%以上の配合肥料を、植付け直後に一本当たり一二〇グラム程度施用する。化成肥料は根焼けを起こすので絶対に使わない。根傷みのことを考えると、有機質六〇%程度はほしい。

その後は、五、六、七、九、十月に一回ずつ、配合肥料を四〇〜六〇グラム程度施用する。

また植付けて一雨あったら、黒ポリシートを苗木の両サイドから挟むようにして敷いていく。雑草抑えと地温を上げるために、この黒ポリシートも絶対に欠かせない。シート押さえには土でも石でもよいが、鉄パイプにパッカーで止め、開閉式にすると便利だ。

一年間育苗するため密植にしている場合は、ポリシートに切れ目を入れ上から被せる。

その後は、必要な芽をはっきりさせ、無駄な芽をかいて伸ばさないようにする。残す芽は、あとの樹形を考えて五本。理想は東西南北に重ならないようにとるが、なかなか思うように発芽してくれない。芽と芽の間隔をあけることを優先する。

また、地上から一〇〜一五センチの間の芽は全部かくこと。残しても花は着きにくく、強勢化して樹形を乱すもとになる。ただし、極早生など花がたくさん着く品種や樹勢の弱い品種では残して利用する手もある。

芽は、伸びてきたら先端がつねに上向くように、支柱からヒモで誘引してやることでジベレリンが活性化し、さらに伸びていく。ミカンがもつ植物ホルモンを活かしてやる。他は手を抜いても、これだけは欠かせないポイントだ。なお、春芽、夏芽、秋芽は一本になるように芽をかき、真上に伸ばすのが大事だ。

苗木の養成では、植付けた翌年に花

を着けないようする。花を着ければ芽は伸びないし、根も伸びないからだ。そのために一本に芽かきをする。こうして芽が太くなれば花も少なくなる。これを芽かきせずに夏芽を二〜三本にすると、樹体内にサイトカイニンが増えて、花が着きやすくなる。芽かきが大変重要なのである。

写真43　無駄な芽はかいて伸ばさないようにする
（写真は芽かき前の状態）

苗木育成に欠かせないのが、植付け一年目の芽かき、誘引、黒ポリシートである。

◇防除は一〇日に一回

防除は、一〇日に一回程度、アブラムシとエカキムシの防除を行なう。その際、同じ農薬を使わないよう、ローテーションを守る。害虫に抵抗性がついて効かなくなる。

なお、ごく最近の研究で山口県大島柑橘試験場の宮田先生が面白い報告をされている。アドマイヤーの四〇〇倍液を、苗木の根の周辺に一本当たり一〇〇〇ccかん注すると、成分が吸収されて一年間は害虫を寄せ付けないようになるというものである。現時点（平成十四年一月）ではまだ使用登録がな

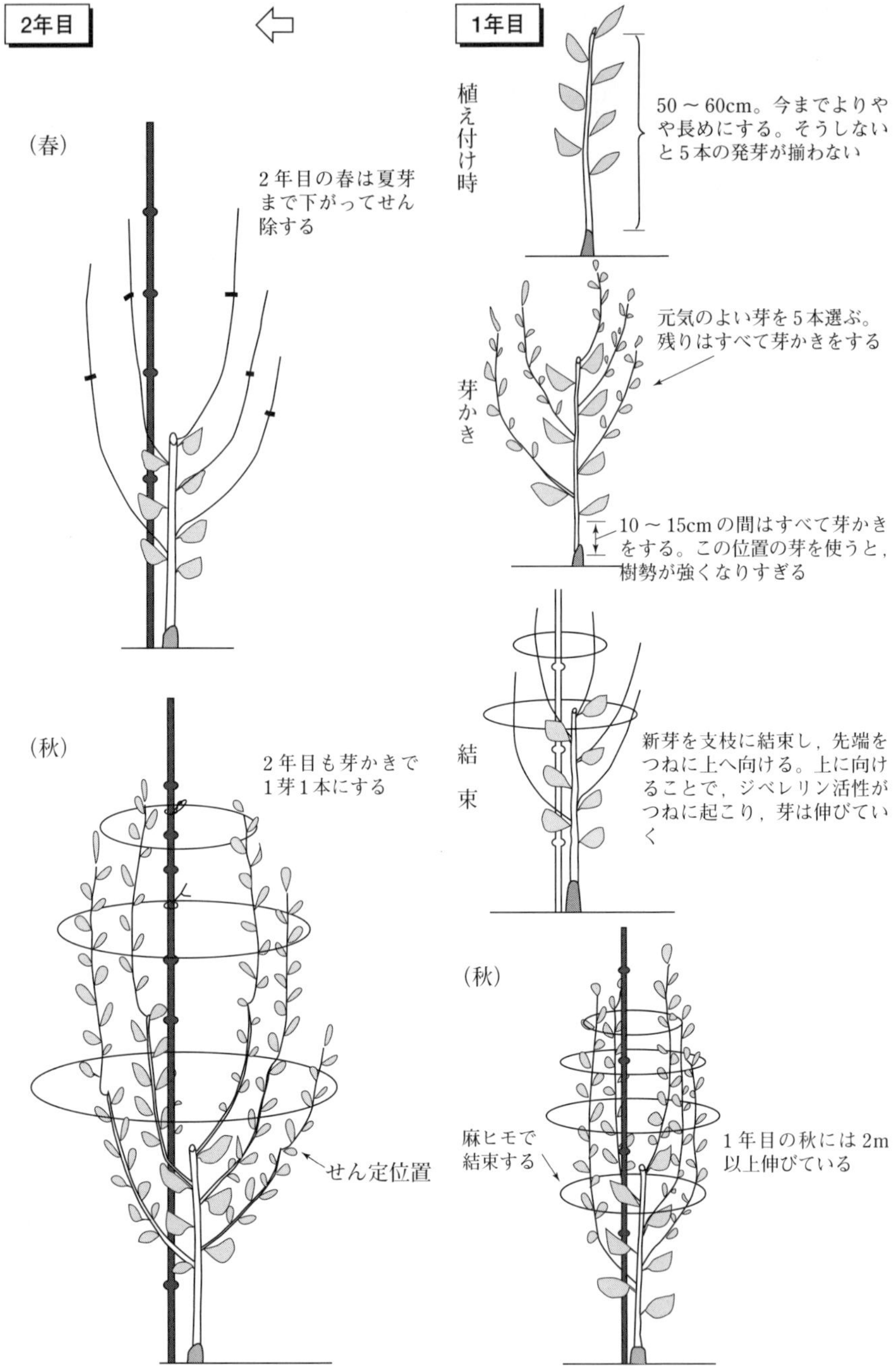
1年目
植え付け時
50～60cm。今までよりやや長めにする。そうしないと5本の発芽が揃わない
芽かき
元気のよい芽を5本選ぶ。残りはすべて芽かきをする
10～15cmの間はすべて芽かきをする。この位置の芽を使うと，樹勢が強くなりすぎる
結束
新芽を支枝に結束し，先端をつねに上へ向ける。上に向けることで，ジベレリン活性がつねに起こり，芽は伸びていく
(秋)
麻ヒモで結束する
1年目の秋には2m以上伸びている
2年目
(春)
2年目の春は夏芽まで下がってせん除する
(秋)
2年目も芽かきで1芽1本にする
せん定位置

育成の手順

3年目

3年目は翌年から結実させるよう枝を誘引する

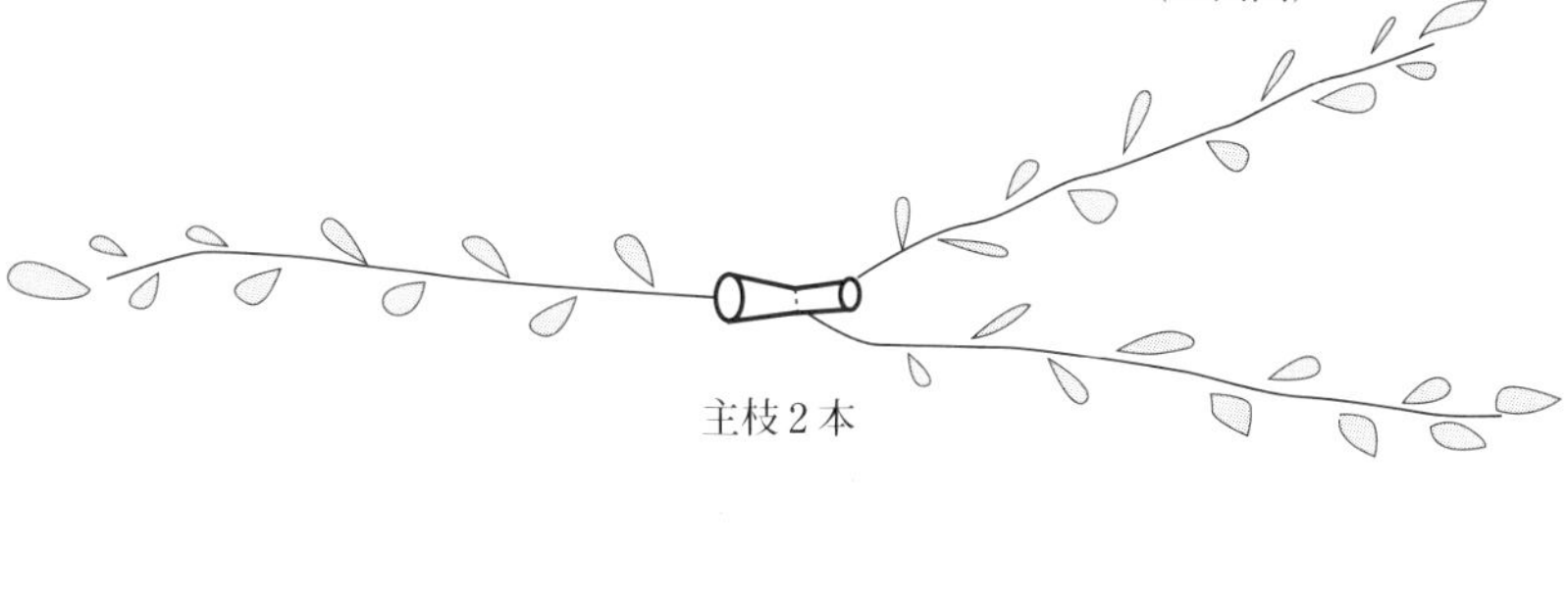

主枝2本

図15　苗木

く、すぐには使えないが、現在申請中なので、登録が取れ次第、試してみたい方法だ。

◇二年目以降の管理

二年目は、五本に伸ばした枝（芽）を、夏芽と秋芽の境から少し下で切って、発芽を促す。そして一年目と同じ要領で、芽の先端をつねに上に向けて誘引し、一本に芽かきをして伸長を促す。

肥料は、四〜七月、九、十月に、苗木一本当たり配合肥料で六〇グラム程度施用する。

その他の管理は一年目と同じだ。

三年目には、五本に伸ばした枝の二本を主枝候補に、三本を亜主枝候補に選ぶ。主枝候補の先端は夏芽と秋芽の境からやや下で切る。残りの三本は秋芽が充実していなければせん除する。充実してたらそのまま横に誘引し、発育枝の発生を促す。

施肥は、四〜七月、九、十月に一本当たり一〇〇グラム程度やる。

四年目から結実期に入るので、夏肥と秋肥をそれぞれチッソ換算で三〜四キロ施す。五年目から八年目までは、年間チッソで一〇キロ程度。それ以降は一二〜一五キロ程度とする（以上、図15）。

以上で、ホルモンバランスのよい若木が得られるようになる。したがって結実時期も早くなる。二年間育苗し、大苗にして定植すれば、植付け二年目から結実させることが可能である。この方法は品種を選ばない。

ホルモンのバランスのとれた素質のある樹をつくる、という意味で、苗木の養成は重要なのである。

土日農業は時代の先端をいくライフスタイル
——あとがきにかえて

○祖父の時代は、ミカンは連年結果だった！

序章で述べたようにわが家のせん定は祖父の仕事で、ミカンは毎年成っていた。地域でも有名だった。

一言で言うとそのせん定は、成りカス、つまり果梗枝の除去であった。結果母枝、いわゆる成り芽はほとんど残し、立ち枝などいっぱいあった。当時、わたしは県の試験場の研修生だった。あるとき、生徒と先生が一緒にそれぞれの家の自慢の園地を巡回することになり、わたしは当然その毎年五〜六トン成っていた園地を紹介した。しかし評価は、「樹形が整っていない」だった。

「毎年いいミカンがちゃんと成るのに」——そう思ったが、試験場の先生のいうこと、思い直して、改造に取り組むことになった。その後の経緯は、すでに述べた。

結局、「ミカンは横枝によいのが成る」と学んだ一言が、すべてだった。日本全国、ミカン産地はどこでも同じような事情であったろうことは、その後の隔年結果の全国的拡大が物語っている。

ただ、わたしたちも観察すればわかることだった。

秋に横に寝る枝をよく見ると、ほとんどが元は立ち枝なのである。それに気付いてこなかった。これは自分の反省である。立ち枝でもよいミカンが成る、いや、立ち枝のほうがずっといいミカンが成ること、しかも芽も同時に得られることは、見ているとわかることだった。だったら、そういう枝を残せばいいし、つくっていけばいい。

枝は切り下げるのでなく、立ち枝が残るように切り上げればよかったのだ。すごく簡単だった。

○樹を見てこなかった反省を

もう一つ、誤解を挙げれば、〝光優先〟の考えがある。

光が当たれば、おいしいミカンが成る、という信念である。しかしこれは間違いではないが、正解でもない。光がいちばんに重要なら、南西向きの園地でつねに最高のミカンが穫れなければならないはずだが、現実はそうではないからである。

だが、この〝光優先〟の発想からだれもが正三角形の樹形にこだわった。その結果、樹を栄養生長の方向に向かわせることになってしまった。

大事なのは、光より、ミカンの樹体生理のほうだったのだ。

わたしが夏秋梢を使うのも、当初「自然界でおよそ無駄なことはないだろう。意味があるから発生してくるに違いない」と思ったからだが、実際にこれを切らずに残してみたら、ミカンを連年結果型に簡単に持ち込めたのである。

こうして、私の連年安定生産が始まった。

とともに、省力、低コストがかない、ミカンづくりが楽しくなった。そうすると、兼業も兼業の片道二時間もかけて通いながらやる「土日百姓でもやれる」と、自信がもてるようになったのである。

○こんな面白い農業を辞める手はない

今、地球でいちばんの問題は「環境と食料」といわれている。この解決にもっとも寄与できる産業は農業である。

自然を守り、安全な食を提供できる仕事を続けることは、地球を守っていることなのだ。このことに気付いて、わざわざ田舎に移り住んで農業を始める人たちも増えている。だが、わたしたち農家は元から農地をもち、農村にすむ家をもっている。頑張れば、そのまま時代の一歩先行く仕事ができるのである。

またわたしは兼業というスタイル、専業でもなく、都市の住民にもなりきらず、というスタンスでやる農業が、これからの時代を拓くライフスタイルを創造するのではないかと思っている。

週末、本気になって自然と向き合う。ミカンの場合、よい芽が出ればよい花が咲く。よい実になり、よい果実になる。よい果実を収穫すれば、食べた人が「おいしい」と喜んでくれる。これ、すべて感動であり、喜びを感じるのである。自然を観察するだけでは得られない、これは積極的に農業へ関わらないと生まれない喜びだ。

ただそのためには、兼業だからこその工夫がいる。何といっても働く時間が限られている。時間がないから今までと同じことをやっていたのではダメと気が付き、新しい発想が生まれた。失敗しても「成功しない方法がわかっただけでもＯＫ」と割り切って、いろいろ取り組めた。切り上げせん定も、失敗してもともとの思いで挑戦してみた。そうすると本文でいうように隔年結果が克服されるばかりではない、防除や施肥作業や省力、低コスト生産にも繋げることができ、本当の兼業安定経営が実現してしまったのである。

農都両棲——まちに暮らしながらも村で農業し、自然と向き合う暮らしのモデルを、兼業だからつくれたし、時代の先を行く高揚を感じさせてくれるのだと思う。

衣料ディスカウントのユニクロが、農業分野に参入するという。その理由が、「工業製品は新しいものをつくってもすぐに真似をされてしまうが、農産物は真似をされても同じものはできないから」だそうだ。

自然と向き合いながら、ひととちがうものがつくり出せる快感。

こんな面白い農業に出会えて幸福者だ。農村に生まれたことに感謝したい。

著者略歴

川田　建次（かわだ　けんじ，ペンネーム）

1953年2月13日生まれ。
1974年，愛媛大学農学部付属農業高校を，1978年には東京の大学を卒業。その後，果樹試験場で1年間研修を受けるがサラリーマンに転身。両親が亡くなったのをきっかけに，1994年から土・日を生かして，豊浜町の園地まで片道2時間かけて通う“ミカン農家”になる。

早生ミカンを中心に，現在1.5haを栽培。一人でも頼まれれば，現地に出向きせん定指導している。最近は自然との共創をテーマに，減農薬から無農薬少肥栽培に挑戦している。

高糖度・連産のミカンつくり

—切り上げせん定とナギナタガヤ草生栽培—

2002年3月31日　第1刷発行
2024年11月15日　第18刷発行

著者　川　田　建　次

発行所　一般社団法人　農山漁村文化協会
郵便番号　335-0022　埼玉県戸田市上戸田2-2-2
電話　048(233)9351(営業)　048(233)9355(編集)
FAX　048(299)2812　振替　00120-3-144478
URL https://www.ruralnet.or.jp/

ISBN978-4-540-01238-9　DTP制作/(株)農文協プロダクション
〈検印廃止〉　印刷/(株)新協

製本/根本製本(株)
Printed in Japan　定価はカバーに表示
乱丁・落丁本はお取り替えいたします。

農文協の農業書

大判図解　最新　果樹のせん定
農文協編　2100円＋税
初心者の失敗の多くは枝の切りすぎによる強せん定。込んだり、競合する枝を間引く程度のせん定で、早くから花を着けて成らせるのが早期多収でコンパクトな樹づくりのコツ。一五樹種を写真、イラストで解説。

楽々・増益のミカンづくり
―樹形と園地の改造で高品質・低コスト生産
薬師寺清司著　1905円＋税
受光態勢と作業性のよい樹づくり、機械化できる畑づくり・道づくり、糖度が高くてうまい実づくりを軸に、高品質・省力・安定生産技術の体系と実際を詳解。各地の先進事例に学びながらどこでも誰でもできる方法を示す。

早期化・低樹高時代の整枝・せん定
廣田隆一郎著　1752円＋税
施設栽培・早生種の導入による早期化、高糖度栽培、わい化・低樹高化がすすむなかで、新しい樹のとらえ方と整枝せん定技術が求められ、試みられている。こうした動きを整理し、新しい整枝せん定技術を提起。

小づくりに仕立てる
―わい化・低樹高・コンパクト栽培
菊地卓郎著　1553円＋税
リンゴのわい化栽培をはじめとして、いろんな樹種でわい化、低樹高化が進んでいる。リンゴ、ミカン、モモ、ナシ（西洋ナシ）、ブドウ、カキ、クリ、ウメ、イチジク、ビワの最新の小づくり樹形と仕立て方を紹介。

原色　果樹のウイルス・ウイロイド病診断
診断・検定・防除
家城洋之編　2333円＋税
主要果樹一三種で被害が見られる三一のウイルス病、ウイロイド病の被害病徴等をすべてカラー写真で解説し、具体的かつ最新の検定法も併せて収録。現地で罹病樹を的確に見抜き、対策するための一冊。果樹では本邦初。

（価格は改定になることがあります）